예술에는 지속적인 관찰이 필요하다.
빈센트 반 고흐

내가 가치 있는 발견을 했다면, 그건 끈질긴 관찰 덕분이다.
아이작 뉴턴

당신이 어떤 새의 이름을 세상의 모든 언어로 안다고 해도
그 새에 대해 아무것도 알지 못할 것이다.
이제 새를 보고 행동을 관찰하자. 중요한 것은 바로 이것이다.
리처드 파인만

관찰이 전부다. 눈으로 볼 수 있는 것에서 시작하라.
그리고 눈으로 발견할 수 있는 것에서 배워라.
레오나르도 다빈치

Title of the original edition: The Observologist: A handbook for mounting very small scientific expeditions
Text & Illustrations © Giselle Clarkson 2023
© Gecko Press Ltd. 2023
All rights reserved
Korean translation © Pan Publishing Co. 2023
Korean language edition arranged through ORANGE AGENCY, Gyeonggi-do & mundt agency, Düsseldorf.

나는 오늘도 파리를 관찰합니다

지젤 클라크슨 지음 · 신동경 옮김 · 김태우 감수

실제 크기

관찰학자가 되고 싶은 이들을 위한 차례

관찰학

- 4   관찰: 무언가를 자세히 그리고 오래 살펴보는 일
- 8   관찰학자가 반드시 지켜야 할 원칙
- 11   즐거운 관찰을 위한 꼼꼼한 준비
- 12   분류학: 생물들에게 제자리 찾아 주기
- 14   어렵지만 정확한 학명
- 16   특별한 관찰학자가 되고 싶을 때 필요한 도구
- 18   관찰학자를 위한 무척추동물 해부학

축축한 모퉁이

- 26   민달팽이와 달팽이
- 32   곰팡이
- 36   쥐며느리
- 38   비슷하면서도 서로 다른 지네와 노래기
- 40   정말로 축축한 연못과 빗물 웅덩이
- 42   밤에만 보이는 장면
- 44   인내심을 가져야 보이는 장면
- 45   밤에 파리를 바깥으로 내보내는 방법
- 46   안 보이게 꼭꼭 숨어라!

딱딱한 콘크리트 길

50 개미
55 새똥은 새를 찾아 주는 길잡이
56 모아 놓으면 보물이 되는 관찰 수집품
58 지의류
60 생물 계절학
62 살짝 지저분한 똥 도감
63 둥글납작 알 도감
64 지렁이
68 짓밟힐 위기에 놓인 지렁이를 안전하게 구출하는 방법
69 살금살금 벌레한테 다가가는 방법

잡초투성이 풀밭

73 벌
75 기진맥진한 꿀벌이나 호박벌을 돕는 방법
77 말벌 vs 꿀벌
78 말벌
80 만지작만지막 자연과 놀기
83 비가 오는 날에는
84 곤충의 성장은 변신
86 나비와 나방 애벌레
88 씨앗
90 눈길을 사로잡는 이파리

아무도 보지 않는 커튼 뒤

94   바퀴벌레
99   파리
102 소리로 관찰하기
104 거미
110 거미 이동 작전
111 빠져 죽을 위기에 놓인 나방을 안전하게 구조하는 방법
112 나방
115 나방 vs 나비
116 관찰학자 인증 시험

118 찾아보기

일러두기
*기호가 붙은 이름은 아직 우리나라 이름이 없어서 영어를 그대로 번역한 것입니다. 인터넷 검색을 할 때는 학명을 사용하세요.

관찰: 무언가를 자세히 그리고 오래 살펴보는 일

자연을 연구하는 과학자들은 관찰 탐험을 떠나. 바람이 휘몰아치는 섬,
산비탈, 바다, 정글, 극지방에서 무언가를 관찰하며 몇 달을 보내기도 하지.

그렇게 멀리 가지 않아도 날마다 관찰 탐험을 할 수 있어. 우리 스스로 주변을
관찰하면서 흥미로운 사실을 발견하는 과학자가 되는 거지. 갖가지 식물,
거기에 숨은 작은 동물, 신비한 곰팡이를 찾아내는 관찰학자 말이야.

관찰학자는 지렁이한테
센털이 있다는 것도 알고

*난 대머리가 절대 아니야!!
머리털이 아주 가느다란
것뿐이라고.*

낮에 활동하는 나방이
있다는 것도 알아.

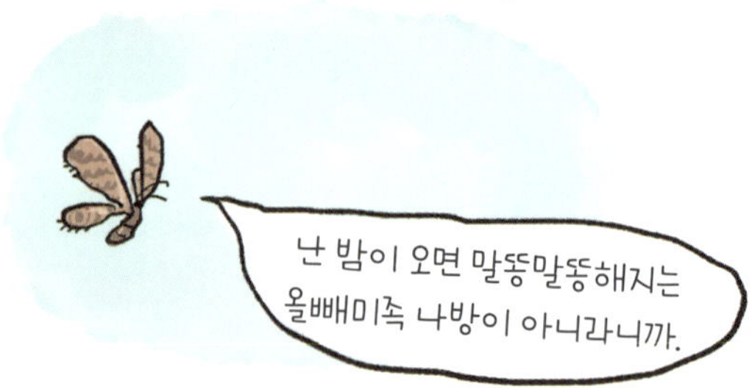

*난 밤이 오면 말똥말똥해지는
올빼미족 나방이 아니라니까.*

쥐며느리를 보고 싶을 때 어디를
뒤져야 하는지 정확하게 알고…

*쥐며느리 찾아요!
특징: 다리가 14개임
보상금: 50,000원*

까짓것, 내가 해결해 주지!

민달팽이 촉수가
몇 개인지도 알지.

*관찰학자라면 이 그림이
틀린 걸 금방 알 텐데.*

관찰학자는 아무것도 없을 것 같은 장소에서도 재미있는 걸 찾아내. 그래서
언제나 즐겁지. 누구나 관찰학자가 될 수 있어. 너도 될 수 있다니까!

아주아주 작아서 보통 사람이라면
못 보고 지나치는 것도

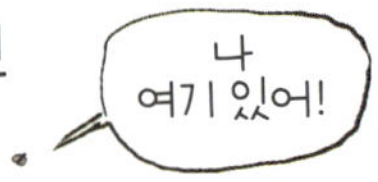

나 여기 있어!

관찰학자의 눈을 피할 순 없지.

관찰학자가 되면 이럴 때도 전혀 지루하지 않아

수업이 재미없을 때

엄마가 아는 사람을 만나서 수다를 떨 때

전기가 끊어졌을 때

공원에서 만나기로 한 친구가 오지 않아서 혼자 도시락을 먹을 때

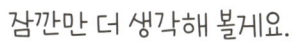

잠깐만 더 생각해 볼게요.

결정을 못 내리는 아빠와 꽃 가게에 갔을 때

차례를 기다릴 때

관찰학자는
보통 이런 자세로
산책해.

관찰학자가 되는 건 별로 어렵지 않아.

첫째, 오랫동안 땅바닥을 뚫어져라 들여다보기!

어린이라서 좋은 점은 어른보다 땅에 더 가깝다는 것. 그만큼 아래쪽에서 벌어지는 일을 훨씬 잘 볼 수 있지.

어린이라서 좋은 게 하나 더 있어. 지렁이랑 개미한테 관심을 보이고 물웅덩이를 들여다봐도 아무도 이상하게 생각하지 않아. 사실은 어른도 그러고 싶지만 쑥스러워서 못 하는 거야.

둘째, 언제나 어디서나 호기심 갖기!

관찰학자는 탐정이야. 언제나 재미있는 사건으로 이끌어 줄 실마리를 찾는 탐정. 그런 탐정이 되려면 늘 질문해야 해.

이 애벌레는
어딜 가는 거지?

따라가 봐!

벽돌 아래에
무엇이 있을까?

들어 봐!

이 잎에는 왜 구멍이
숭숭 뚫렸을까?

뒤집어 봐!

이 허연 덩어리는
뭐지?

자세히 봐!
입은 꼭 다물고.

관찰 탐험을 시작하기에 진짜 좋은 장소가 네 군데 있어. 축축하고 더러워 보이는 모퉁이, 콘크리트로 포장한 길, 이름 모를 잡초로 뒤덮인 풀밭, 그리고 우리가 사는 집.

네 군데를 탐험하고 나면 너는 다른 사람이 될 거야. 남들이 못 보는 걸 보는 사람, 세상을 정확하게 꿰뚫어 보는 사람, 온갖 주장을 단번에 물리칠 엄청난 사실을 발견하는 사람, 혼란스러움 속에서 스스로 질서를 찾는 사람, 평생 써먹을 기술을 지닌 관찰학자가 되는 거지.

우리 주변에
정글 동물을 닮은 동물이
살아.

표범
(민달팽이)

거북이
(딱정벌레)

기린
(바구미)

사람은 진짜 커!

혹시 네가 너희 반에서 가장 크니? 가장 작다고?
이렇든 저렇든, 지금부터 만날 동물들한테 넌 거인이나 마찬가지야.

1. 가장 작은 동물을 떠올려 봐.

개미는 네 손바닥에 몇백 마리나 올려놓을 수 있어. 아마 개미들이 손바닥 위에 가만히 있으려고 하지는 않을 테지만.

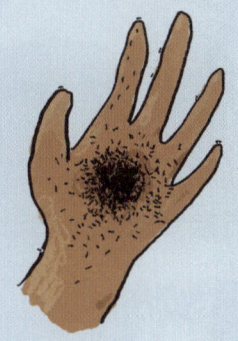

진짜 넣지는 마.

진딧물은 네 콧구멍에 몇십 마리쯤 들어가지.

히히히, 얘는 내가 귓속에서 걸어 다녀도 간지럽지 않은가 봐.

완보동물은 정말정말 작아. 한 마리가 네 귓속에서 걸어 다녀도 절대 알아채지 못할 거야. 완보동물이 먼지는 59쪽에서 알려 줄게.

2. 이번에는 가장 큰 동물을 떠올려 봐.

네 콧구멍이 넓긴 하지만, 난 못 들어가겠다.

3. 이제 아주아주 큰 동물을 상상해 봐. 너랑 친구들이 등에서 축구를 해도 될 만큼 큰 동물 말이야. 작은 곤충들한테는 네가 바로 그런 동물이야.

7

관찰학자가 반드시 지켜야 할 원칙

관찰하기에 딱 좋은 자세!

무엇이든 **호기심을 가지고 살펴보기!** 구석진 곳과 아무도 보지 않는 곳을 뒤져 봐. 멍청해 보일까 봐 걱정하지 마. 땅바닥에 최대한 가까이 그리고 오래 머물러. 생물들이 널 보고 놀라지 않도록 **조용히 그리고 천천히** 움직여.

인내심 발휘하기! 곤충을 건드려 보고 싶겠지만, 꾹 참아. 곤충들은 네가 곁에 있다는 걸 느끼면 절대로 멋진 모습을 보여 주지 않아.

안 보이는 곳에 손가락을 넣으면 절대 안 돼. 커다란 돌 아래나 뭔지 모를 구멍 같은 데 말이야. 거기에 숨어 있는 동물이 네 손가락을 콕 쏠지도 모르거든.

돌이나 화분 아래쪽을 관찰한 뒤에는 **처음 보았던 상태 그대로** 되돌려 놓아야 해. 아무것도 찌부러뜨리지 않도록 조심!

저 나무는 낯설지만 아주 멋진걸.

너무 오래 가만히 있으면 거미가 네 머리에 거미줄을 치거나 애벌레가 겨드랑이에 고치를 틀지도 몰라.

아무 때나 생물의 삶에 **개입하면 안 돼.** 고치에서 나오는 나방을 보면 도와주고 싶을 거야. 하지만 나방은 스스로 나오지 않으면 날개를 제대로 펴지 못해. 거미줄에 걸린 딱정벌레를 구해 주고 싶어도 꾹 참아. 거미가 굶어 죽을 수도 있으니까.

무엇인지 정확히 모르는 생물을 건드리는 건 절대 금지!

너를 공격할 생물은 별로 없어. 하지만 잘못 건드리면 너에게 따끔한 맛을 보여 줄 애들은 좀 있지. 겁을 먹지는 마. 어떤 생물이 위험한지, 그런 생물을 어떻게 다루어야 하는지 배우면 별일 없을 테니까.

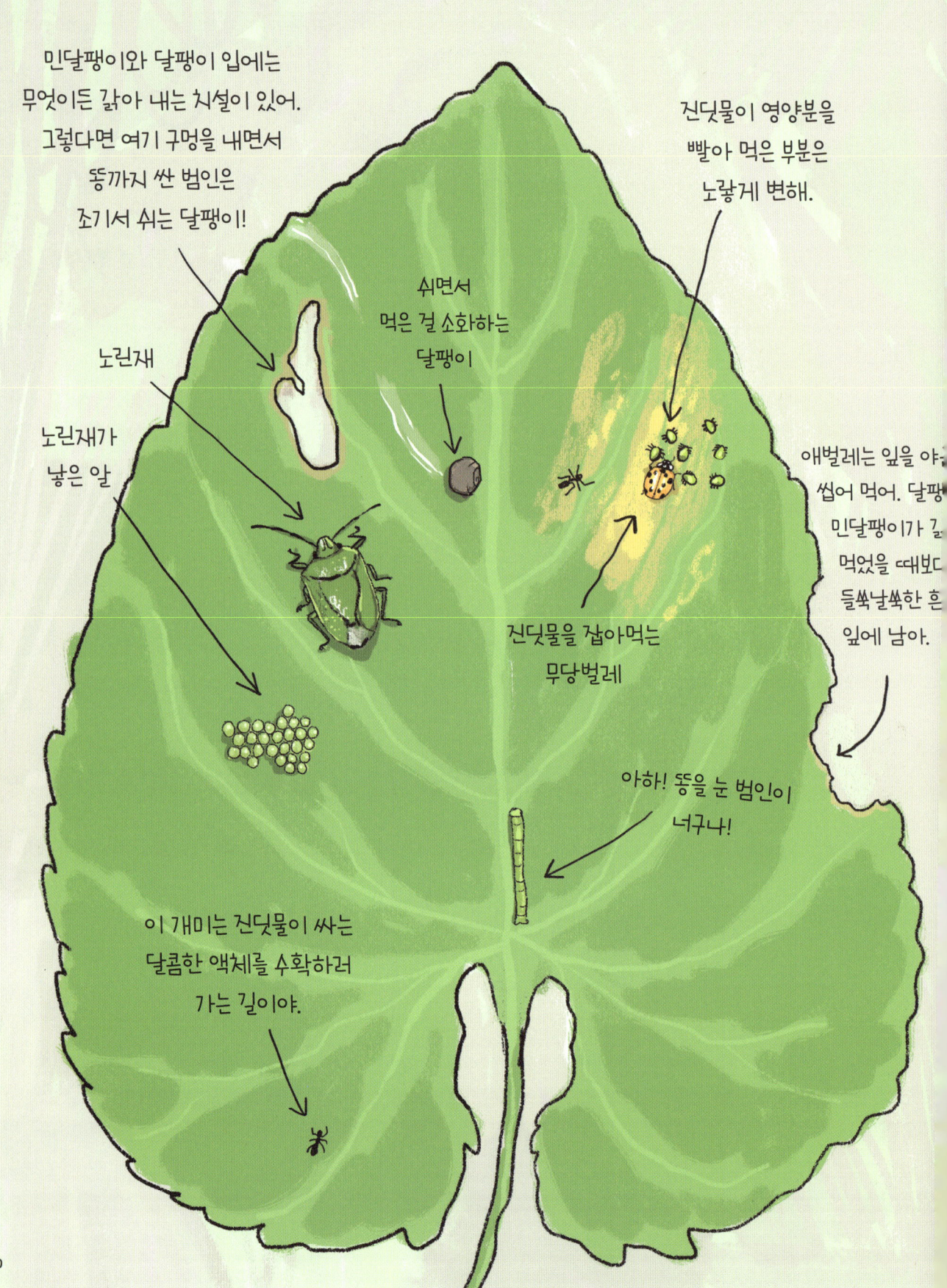

즐거운 관찰을 위한 꼼꼼한 준비

관찰 실력을 갈고닦고 싶은데 주변에 생물이 별로 없다고?
걱정하지 마. 생물들을 불러 모을 방법이 얼마든지 있으니까.

1. 가능하면 파리약이나 살충제를 쓰지 마. 살충제는 우리에게 피해를 주지 않는 곤충과 거미까지 죽여. 파리가 자꾸만 성가시게 군다고? 그럼 창문으로 내보내.

2. 풀밭에 매트를 깔아. 그러면 지렁이나 쥐며느리 같은 생물이 매트 아래로 모일 거야. 매트 대신에 신문지나 종이 상자나 널빤지를 깔아도 괜찮아. 매트를 깔면 그 아래 풀이 죽어. 이걸 싫어하는 사람도 있으니까 미리 허락을 받아.

한 주나 두 주쯤 기다린 다음에 매트를 들추고 아래를 살펴봐.

3. 음식을 바깥에 두고 누가 와서 먹는지 기다려. 얕은 접시에 설탕물을 담아 두면 벌과 개미가 꼬일 거야. 오래된 고양이 사료로는 파리와 말벌을 유혹할 수 있지.

분류학: 생물들에게 제자리 찾아 주기

모든 생물은 거대한 생명의 나무를 이루는 한 식구야. 생명의 나무가 수십억 년에 걸쳐서 자라는 동안 계속 새로운 가지들이 진화했어. 그 결과로 놀랍도록 아름다운 종들이 함께 어울려 살게 되었지.

> 날 건드리지 않는 게 좋을걸. 이래 봬도 내가 육식 동물 사촌이야.

종은 서로 비슷한 생물들의 집단이야. 같은 종인 생물들은 짝짓기를 해서 자손을 낳을 수 있어.

분류학은 생명의 나무에서 어떤 종이 어느 가지에 속하는지 밝히는 학문이야. 분류학 덕분에 종들 사이의 관계를 이해할 수 있지. 예를 들어서 문어는 사람보다는 달팽이와 더 가까운 종이야.

생명의 나무에서 한 종의 자리는 계-문-강-목-과-속-종 일곱 단계에 거쳐서 정해. 분류학자들은 이보다 훨씬 복잡한 단계로 생물을 분류하지만 우리한테는 일곱 단계로 충분해.

계는 여러 문으로 나뉘어. 다시 문은 여러 강으로, 강은 여러 목으로, 목은 여러 과로, 과는 여러 속으로, 속은 여러 종으로 나뉘어.

관찰학자라면 생물 분류 단계쯤은 외우고 있어야 하겠지? 이걸 외우는 방법에는 두 가지가 있어. 어떤 방법이든 열 번쯤 읽으면 외울 수 있을 거야.

큰 단계부터 시작하는 게 좋다면
계-문-강-목-과-속-종
작은 단계부터 시작하는 게 좋다면
종-속-과-목-강-문-계

> 다들 자기 자리가 있다는데 내 자리는 도대체 어디일까?

생명의 나무에서 너의 자리는?

넌 식물이나 곰팡이나 박테리아가 아니야.
지구에 사는 모든 동물과 같은 계에 속해 있지.
그 계의 이름은 **동물계**야.

난 식물이 아닙니다.

해삼은 이름이 인삼과 비슷하지만 동물이야.

네가 속한 문은 **척삭동물문**이야. 먹장어, 영원, 기러기도 너와 같은 문 소속이지.

너는 어렸을 때 엄마 젖을 먹고 자라는 포유동물, 네가 속한 강의 이름은 **포유강**.

외뿔고래

벼룩뒤쥐

털 없는 고양이

포유강 친구들을 소개할게.

너랑 내가 닮은 점이 뭔지 알겠니?

네가 속한 목은 **영장목**이야.
원숭이와 여우원숭이도 영장목이지.

네가 속한 과는 **사람과**야.
고릴라, 침팬지, 보노보, 오랑우탄이 사람과 친구들이지.

마지막으로 너의 속은 **사람속** Homo 이고
종은 **사피엔스** sapiens 야.

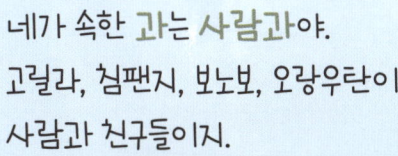

메롱

너랑 나랑 갑자기 엄청 친해진 거 같아.

어렵지만 정확한 학명

과학자들이 생물에 붙인 이름을 학명이라고 하는데, 처음 들으면 좀 어려울 거야. 하지만 학명을 알아야 생물을 정확하게 부를 수 있어. 뜻을 알면 재미도 있지.

여기 세 동물이 있는데, 영어 이름이 모두 daddy-long-legs야. 셋 다 다리가 날씬하고 길지만, 완전히 다른 종이야! 만약 네가 친구와 대화하다가 "너, daddy-long-legs 본 적 있니?" 하고 물으면, 어떤 동물인지 알 수 있을까?

daddy-long-legs
유령거미속 동물인 집유령거미

daddy-long-legs
통거미목 동물인 장님거미

daddy-long-legs
각다귓과 동물인 각다귀

이럴 때는 각 동물이 다리가 몇 개인지 어디에 사는지 관찰한 다음, 책이나 인터넷에서 학명으로 찾은 동물과 비교하면 어떤 종인지 확인할 수 있어. 예를 들어서 왼쪽 거미의 학명은 폴쿠스 팔랑기오이데스 *Pholcus phalangioides* 야. 학명으로 부르면 헷갈릴 일이 없어. 한 종에 붙인 학명은 딱 하나거든.

내가 말한 건 다리가 여덟 개이고 천장에 붙어서 사는 동물이야.

정말? 난 네가 땅에서 사는 다리 여덟 개짜리 동물 이야기를 하는 줄 알았지.

뭐라고? 날아다니는 곤충 얘기인 줄 알았는데. 걔는 다리가 **여섯** 개더라.

학명은 두 단어나 세 단어로 이루어져 있어. 과학자들이 그리스어나 라틴어 단어를 사용해서 학명을 붙이는데, 단어 뜻은 그 생물의 특징이나 발견한 사람의 이름이야.

티라노사우루스 렉스
Tyrannosaurus rex
폭군   도마뱀   왕

학명을 몇 개 알려 줄 테니 크게 말해 봐.

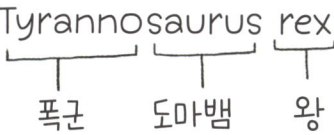

보옵스 보옵스
Boops boops
암소   눈

운데르푸스 포토게니쿠스
Wunderpus photogenicus
'멋지게 사진이 잘 나오는 문어'라는 뜻이야.

우푸파 에폽스
Upupa epops
이 학명은 이 새의 옛 이름 두 개를 합친 거야. 우리나라 이름은 후투티야.

투르두스 필로멜로스
Turdus philomelos
'투르두스'는 지빠귀를 부르는 옛 라틴어 이름이야. '필로멜로스'는 그리스 신화에 나오는 필로멜라라는 여자의 이름에서 온 거지. 신화에서 필로멜라는 노래하는 새로 변해.

← 노래지빠귀

↑
비티움
Bittium

↑
이티비티움
Ittibittium

둘 다 바다에 사는 작은 고둥들이 속한 속의 이름이야.

둘 다 작은 딱정벌레를 가리키는 학명이야. 영어로 읽으면 물고기와 도넛이잖아. 과학자들도 좀 웃기지 않니?

← 겔라이 피시
Gelae fish

겔라이 도누트
Gelae donut

특별한 관찰학자가 되고 싶을 때 필요한 도구

눈, 코, 귀, 입, 손만 있으면 누구나 훌륭한 관찰학자가 될 수 있어. 간단한 도구를 갖추면 더 훌륭해질 수 있지.

돋보기

돋보기로 보면 맨눈에는 안 보이는 게 보여. 죽은 파리, 쉬는 애벌레, 곰팡이, 알껍데기처럼 오래 움직이지 않는 걸 관찰할 때 쓰면 좋아.

카메라

스마트폰 카메라로 생물을 찍어. 디지털 사진에는 촬영 날짜와 시간이 기록되니까 생물 계절학 연구에 큰 도움이 되지. 생물 계절학이 뭔지는 60쪽에 나와.

작은 손전등

어두운 곳에서 관찰할 때 필요한 도구야. 붉은색 빛도 나오면 더 좋지. 밤에 동물들한테 흰색 빛을 비추면 놀라지만, 붉은색 빛을 비추면 안 놀라.

작은 거울

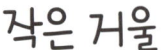

관찰 탐험에 나설 때 주머니에 하나 넣어 가. 거울을 머리 위로 쭉 올려서 새 둥지 안쪽을 보고, 땅바닥에 내려놓고 버섯 아래쪽도 살펴봐.

눈으로는 보고 손으로는 그리고

그림을 그리려면 생물을 오래 관찰해야 해. 그만큼 아주 작은 부분까지 볼 수 있지. 관찰하면서 그림도 그려야 하니까 지루할 틈도 없어.

반짝이는 자국과 센털이 있니? 얼룩과 무늬가 보인다고? 색깔이 초콜릿 비스킷과 비슷해, 아니면 종이 상자와 비슷해? 그림을 잘 그리는 것보다 그리면서 작은 부분까지 잘 보는 게 더 중요해.

물론, 오랫동안 움직이지 않는 것들이 그리기 쉬워. 몇 가지 알려 줄 테니까 지금 그려 볼래?

거미줄에서 떨어진 곤충 몸의 일부야. 어느 부분일까?

작은 날개

윤기가 나는 파리의 배

이끼와 지의류가 잔뜩 자라고 있는 나뭇가지

나뭇가지가 진짜로 밤색이야? 이끼와 지의류 때문에 여러 색깔로 보일 거야. 지의류가 뭔지는 58쪽에서 알려 줄게.

민들레 같은 식물은 날마다 찾아가서 볼 수 있어. 그림을 그리면서 어떻게 변하는지 관찰해 봐.

이런 상태에서 요런 상태가 될 거야.

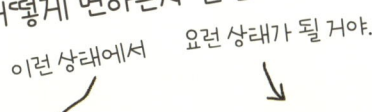

거미나 곤충을 그릴 때는 다리가 어느 방향으로 구부러지는지 잘 살펴보아야 해. 사실, 좀 헷갈리거든.

재미는 있는데, 틀리게 그렸어.

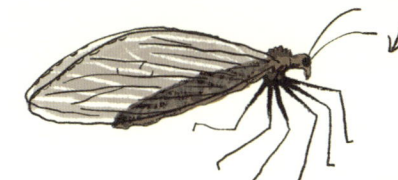

관찰학자를 위한 무척추동물 해부학

사람은 척추동물이야. 새, 물고기, 도마뱀도 우리처럼 척추가 있는 척추동물이지. 우리가 관찰할 동물은 대부분 무척추동물이야. 무척추동물은 말 그대로 척추가 없는 동물로 보통은 몸이 작아. 큰 동물은 척추가 없이는 몸을 지탱하기 힘들어.

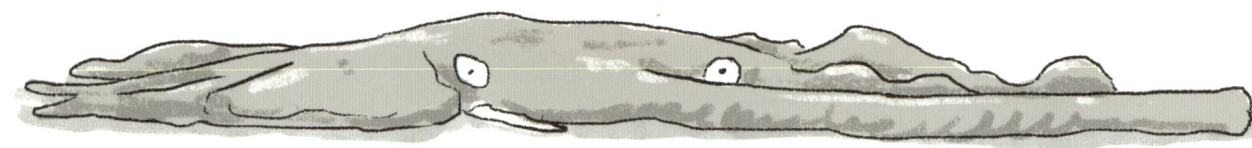

코끼리가 무척추동물이라면 이런 모습일 거야.

지구에서 가장 큰 무척추동물은 남극하트지느러미오징어야. 몸이 엄청 크지만 물속에 사니까 척추가 없어도 괜찮아.

지금 나한테 척추가 없다고 놀리는 거냐???

바닷게들도 무척추동물 치고는 제법 커.

우리가 앞으로 만날 무척추동물은 대부분 곤충이나 거미 아니면 연체동물과 환형동물이야. 바다에 사는 무척추동물보다 훨씬 작지.

사람과 말은 둘 다 포유동물이고, 몸을 이루는 기관들이 비슷해. 겉모습은 꽤 다르지 않냐고? 뭐, 그렇기는 하지.

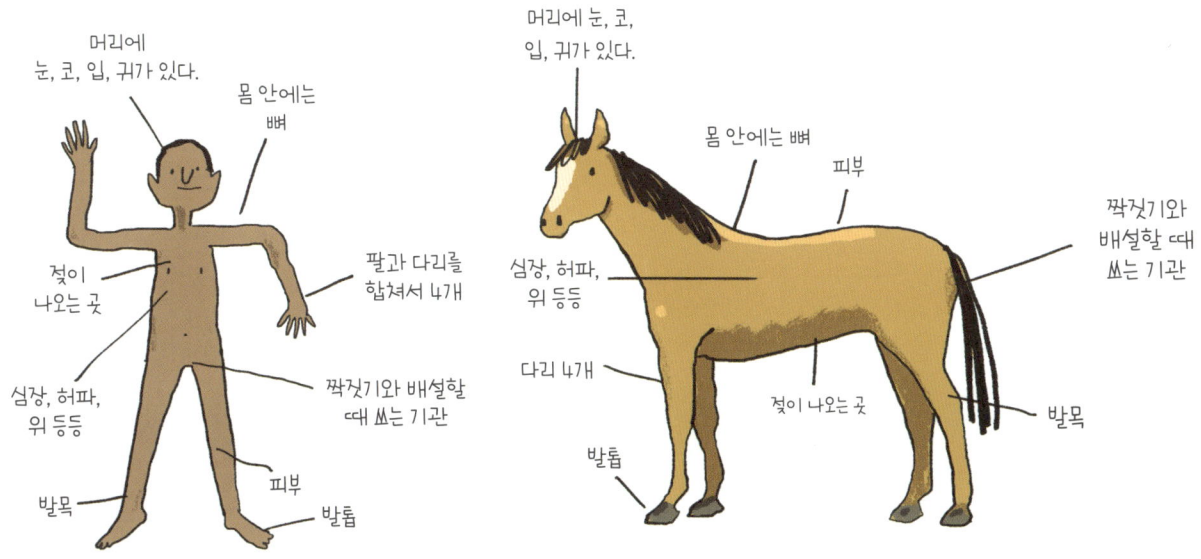

곤충들도 겉모습은 조금씩 달라도 몸 구조는 다 비슷해. 몸을 이루는 기관들이 비슷한 방식으로 연결되어 있지.

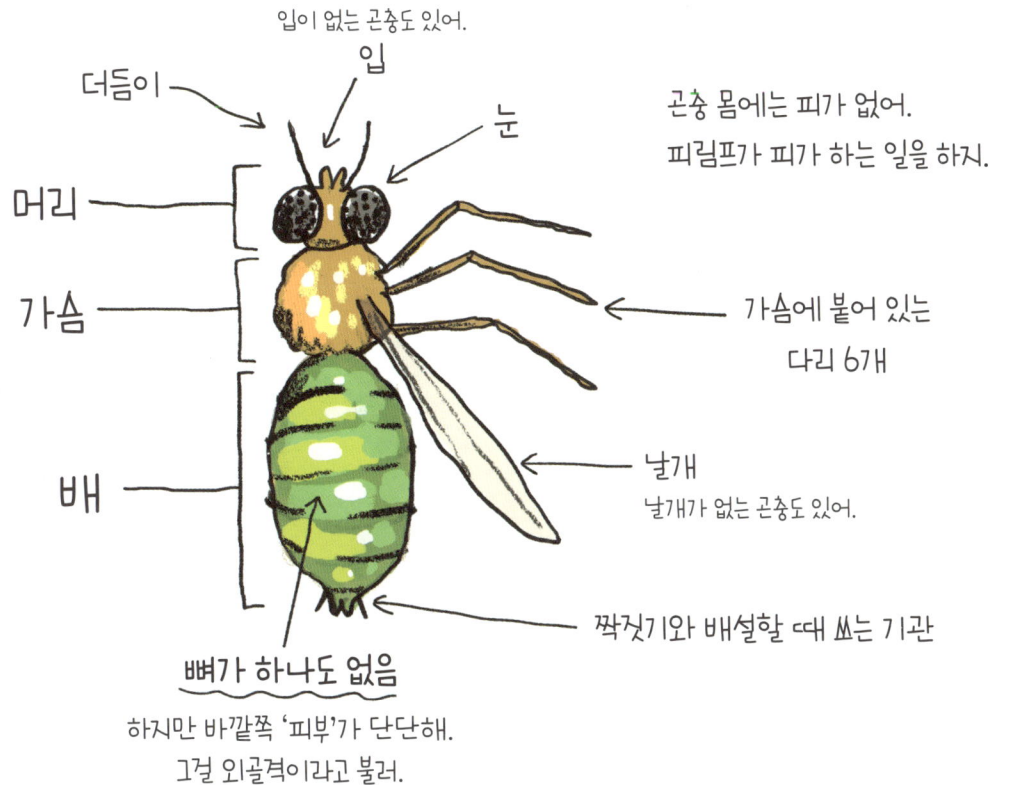

곤충은 머리와 가슴과 배로 이루어져 있지만, 종마다 세 부분이 이루는 비율은 달라. 몇 가지 예를 보여 줄 테니까 눈으로 잘 익혀 둬.

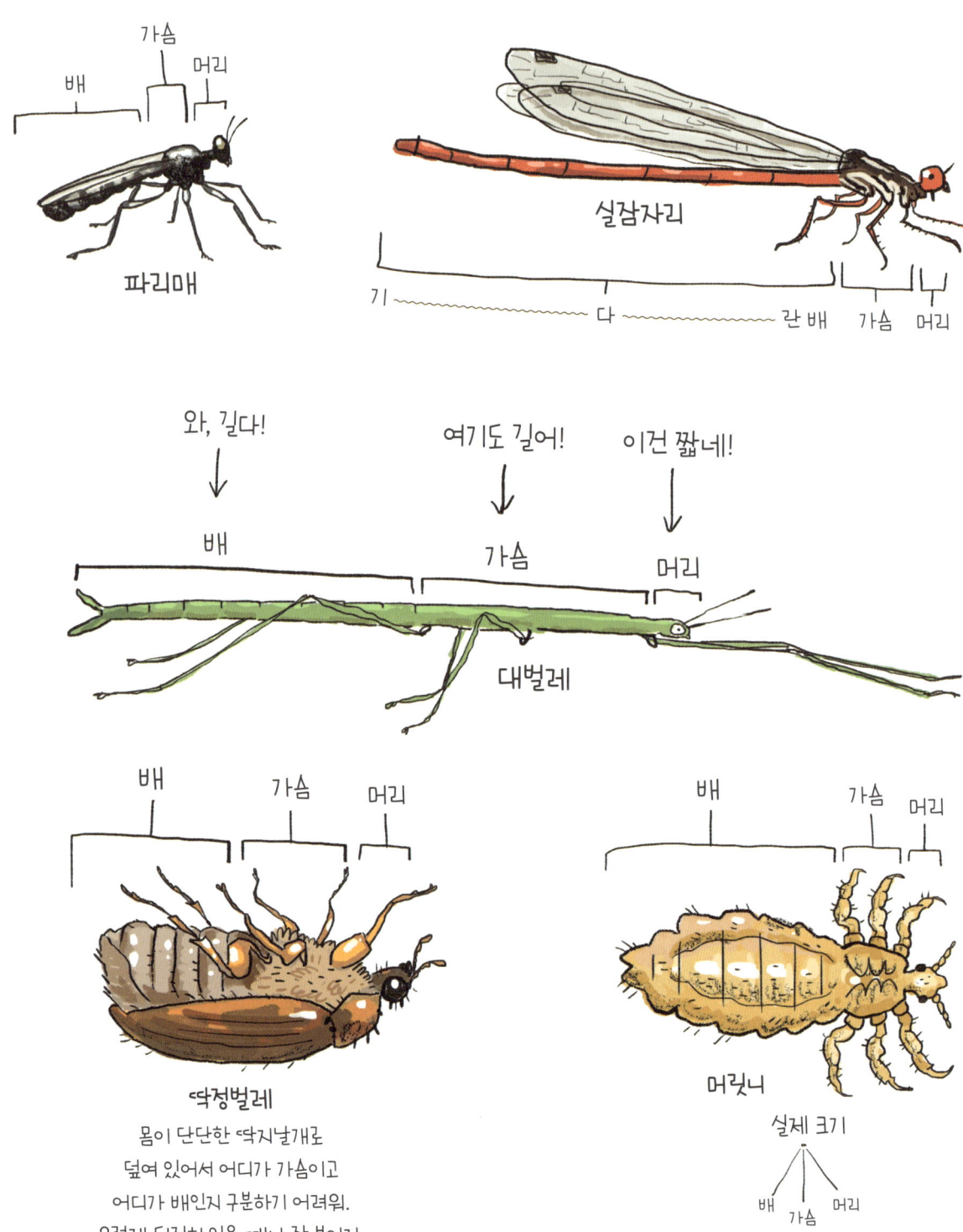

파리매

실잠자리

와, 길다! ↓ 여기도 길어! ↓ 이건 짧네! ↓

대벌레

딱정벌레
몸이 단단한 딱지날개로 덮여 있어서 어디가 가슴이고 어디가 배인지 구분하기 어려워. 요렇게 뒤집혀 있을 때나 잘 보이지.

머릿니
실제 크기

거미는 곤충이 아니야. 그래서 몸도 곤충과는 좀 달라. 곤충은 절지동물문 곤충강 소속이야. 거미도 절지동물이지만 곤충강이 아니라 거미강 소속이지.

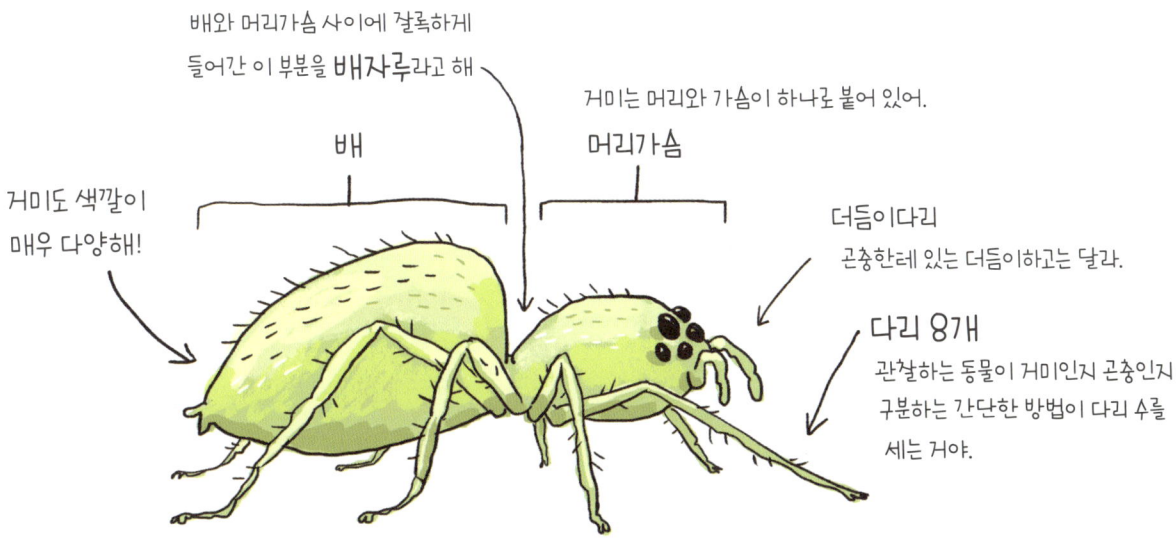

지네와 노래기도 곤충이 아니야. 몸이 길고 다리도 많은 건 비슷하지만 각각 다른 강이야. 지네는 지네강, 노래기는 노래기강. 둘 사이의 차이점은 38쪽에서 알려 줄게.

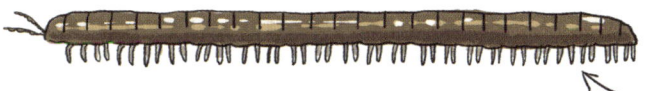

민달팽이, 달팽이, 지렁이는 다리가 없잖아? 당연히 곤충이 아니지. 민달팽이와 달팽이는 연체동물문, 지렁이는 환형동물문 소속이야. 28쪽과 65쪽에서 이 동물들의 몸을 자세히 보여 줄게.

다른 동물들도 세상을 우리처럼 느낄까?

우리는 눈으로 보고, 코로 냄새 맡고, 귀로 듣고, 혀로 맛을 보고, 피부의 신경으로 감촉을 느껴. 그렇지만 앞으로 만날 동물들이 세상을 느끼는 방식은 우리와 크게 달라. 얼마나 다르냐 하면, 심지어 무척추동물한테는 코가 없을 정도야.

거미는 다리에 난 민감한 털로 진동을 느껴. 소리를 다리로 듣는 거지.

나비는 발에 미각 수용기가 있어. 발로 맛을 보는 거지.

곤충은 코와 입으로 숨을 쉬지 않아. 몸에 있는 기문이라는 구멍으로 숨을 쉬지.

많은 곤충이 앞과 뒤를 동시에 봐. 수많은 낱눈으로 이루어진 겹눈을 지녔기 때문이지. 잠자리 겹눈에는 낱눈이 30,000개나 있고, 그걸로 거의 사방을 다 보니까 몰래 다가가는 건 꿈도 꾸지 마.

벌은 우리가 못 보는 빛을 봐. 똑같은 세상을 우리와는 다르게 보며 사는 거야.

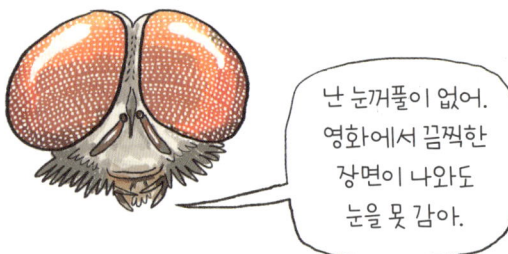

거의 모든 곤충이 머리에 더듬이가 두 개씩 있어. 그걸로 냄새를 맡거나 맛을 보거나 촉감을 느껴. 이야기를 나누기도 하지. 넌 어떤 모양이 마음에 들어?

화려한 부채를 닮은
엽상

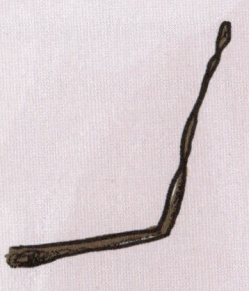

사람 팔과 비슷한
슬상

갈라진 깃털 모양
우모상

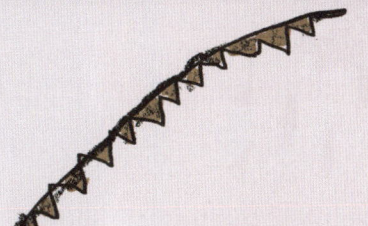

날카로운 이빨 모양
거치상

군더더기 없이 깔끔한
강모상

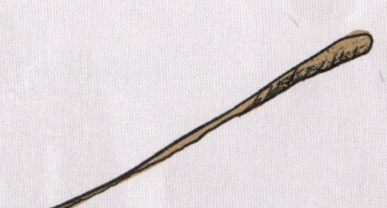

끝으로 갈수록 굵어지는 방망이
곤봉상

구슬이 방울방울
염주상

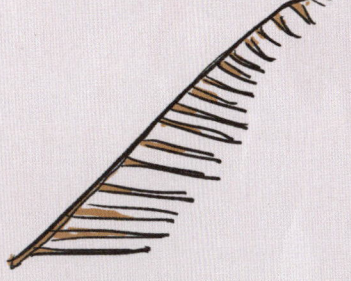

머리빗 모양
즐치상

축축한 모퉁이는 보물 창고야. 해가 들지 않는 그늘이나 풀이 무성하게 자란 마당 한구석은 늘 어두침침하고 마르지 않아. 관찰학자에게는 진짜 끝내주는 장소지. 구멍이나 갈라진 틈에는 작은 동물들이 잘 숨어. 물이 잘 마르지 않는 웅덩이도 좋고, 오래전에 버린 그릇에 물이 차 있고 거기에 나뭇잎이 떨어져 있다면 더 바랄 게 없지. 낮에는 숨어서 지내는 야행성 동물, 무엇인지 궁금한 끈적끈적한 것들, 신선한 곰팡이, 물이 있어야 번식할 수 있는 곤충들을 관찰하고 싶다면 바로 이런 장소를 찾아야 해.

축축한 모퉁이

민달팽이와 달팽이

민달팽이와 달팽이는 차분하고 조용해. 가만히 들여다보고 있으면 우리 마음도 편안해져. 둘 다 연체동물문으로 문어와 오징어랑 친척이야. 연체동물문 중에서도 복족강 소속이라서 복족류라고 불러. 많은 복족류가 물속에서 살아. 땅에서 사는 육상 복족류는 물기가 많은 서식지를 좋아하지.

화려하지만 만나기는 어려워

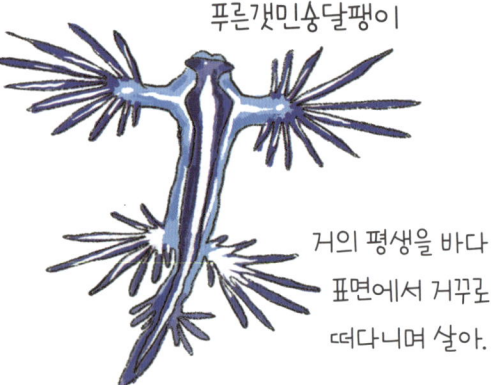

글라우쿠스 아틀란티쿠스 *Glaucus atlanticus*
푸른갯민숭달팽이

거의 평생을 바다 표면에서 거꾸로 떠다니며 살아.

넴브로타 쿠바르야나 *Nembrotha kubaryana*
변신네온갯민숭달팽이*
열대 바다의 산호초에 살아.

바다에 사는 갯민숭달팽이들은 숨이 턱 막힐 만큼 화려해. 하지만 만나기는 정말 어렵지. 하지만 우리한테는 땅에 사는 민달팽이가 있잖아. 누구나 민달팽이를 직접 보면 이 말이 맞다고 생각할 거야. "갯민숭달팽이 열 마리를 줘도 민달팽이 하나와 안 바꿔."

쉽게 만날 수 있는 데다가 아름답기까지

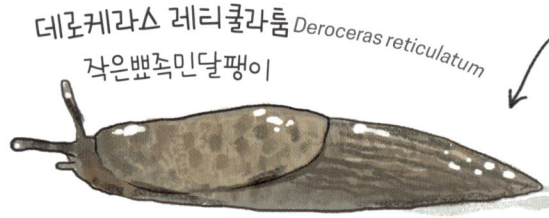

데로케라스 레티쿨라툼 *Deroceras reticulatum*
작은뾰족민달팽이

민달팽이의 우아함에 홀딱 빠진 사람한테는 사랑스러운 존재, 정원사한테는 성가신 존재.

"먹다가 쉬고, 쉬다가 먹는 게 나의 하루! 내 인생은 아주 단순해."

리막스 막시무스 Limax maximus
표범민달팽이*

축축한 곳에 살아. 식성이 까다롭지 않아서 썩어 가는 잎은 물론이고, 다른 동물의 똥도 맛있게 씹어 먹지.

복족류
뜻: 배 발

달팽이 몸 살펴보기

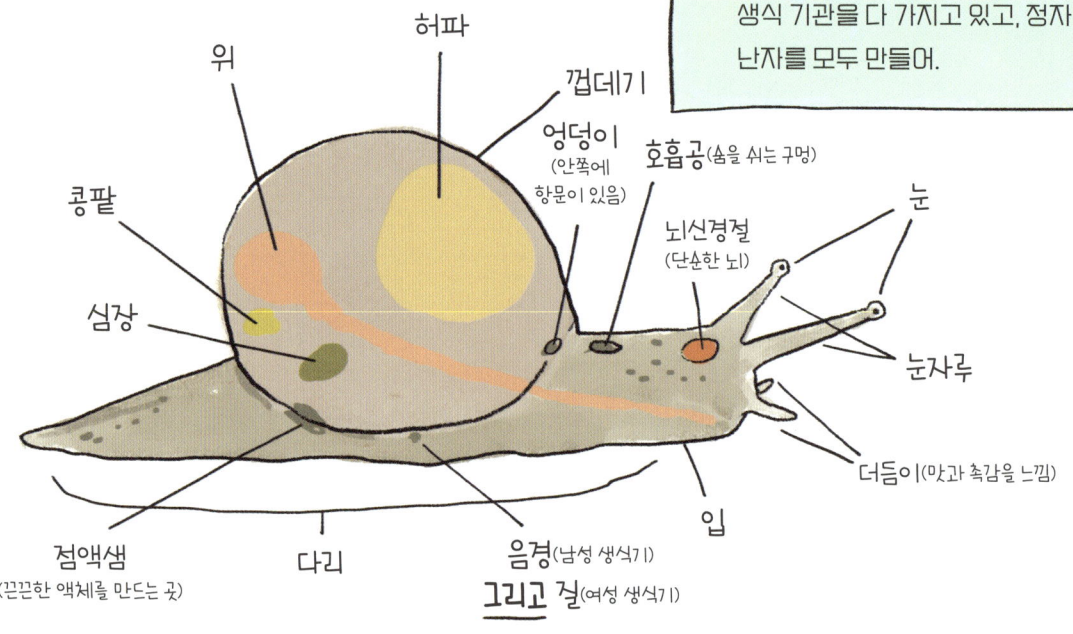

육상 복족류는 대부분 암수한몸이야. 암컷이나 수컷 달팽이 같은 건 없는 거지. 한 마리가 남성 생식 기관과 여성 생식 기관을 다 가지고 있고, 정자와 난자를 모두 만들어.

민달팽이 몸은 달팽이 몸과 비슷하지만 눈에 띄게 다른 특징도 있어.

두툼한 말안장처럼 생긴 이 부분을 외투막이라고 해.

호흡공을 찾는 건 별로 어렵지 않아. 호흡공은 한쪽에만 있어.

눈에 보이는 외투막이 없는 민달팽이도 있어. 호주 카푸타르산에 사는 아주 큰 핑크빛 민달팽이가 바로 그런 종류야.

얘 좀 근엄해 보이지 않니?

투명한 유리에 민달팽이를 올려놓고 어떻게 움직이는지 살펴봐. 민달팽이는 애벌레처럼 꿈틀거리지 않아. 미세한 근육을 물결치듯 오그렸다가 펴면서 미끄러지듯이 움직여.

민달팽이와 달팽이는 눈자루를 몸속으로 넣었다 뺐다 할 수 있어. 네가 팔을 그렇게 할 수 있다면 어떨 거 같니?

뭘 찾고 있다고? 잠깐만, 눈 좀 꺼내고 도와줄게.

민달팽이와 달팽이는 보통 밤에 활동해. 하지만 걔들이 어디를 좋아하는지 알면 낮에도 볼 수 있어.

아무도 찾지 않는 담장

화분 가장자리 아래쪽

매끈하고 미끄러운 식물 밑동

깔끔하고 시원한 우편함
편식을 안 하니까 편지를 먹어 치울지도 몰라.

늘 촉촉하고 그늘진 배수관 근처

돌 사이사이 그리고 갈라진 틈

요런 구석에는 꼭 있지!

이 예쁜 껍데기들은 바다에 사는 고둥들 거야. 땅에 사는 달팽이 껍데기도 아름답고 무늬도 예뻐. 너무 익숙해서 우리가 눈여겨보지 않았을 뿐이지.

달팽이 껍데기는 대부분 오른쪽으로 돌아가는 나선 모양이야. 아주아주 드물게 왼쪽으로 돌아가는 껍데기를 지닌 달팽이도 있어.

바다에 사는 고둥 껍데기

너 옷을 거꾸로 입은 거 아니니?

오른쪽으로 돌아가는 껍데기   왼쪽으로 돌아가는 껍데기

이건 딱딱한 막인데 둥개라고 불러. 날이 너무 뜨거울 때 수분이 빠져나가지 못하게 하려고 달팽이가 만든 거지.

민달팽이를 관찰할 때는 몸에서 미끈거리는 점액이 마르지 않게 주의해. 민달팽이는 몸을 보호하는 껍데기가 없거든.

이건 지중해 지역에 사는 달팽이인 테바 피사나 *Theba pisana*야.

아야!

껍데기를 쥐고 잡아당기면 달팽이가 다칠 수 있어! 달팽이가 나뭇잎에 기어오르게 한 다음에 나뭇잎째 옮기는 게 안전해.

달팽이가 손이나 발로 기어오르면, 잠시 어떤 느낌이 드는지 경험해 봐. 좀 끈적거릴 테지만, 괜찮아. 나중에 씻으면 점액은 깨끗이 사라져.

코르누 아스페르숨
Cornu aspersum

정원달팽이*

멋지다!

곰팡이

곰팡이는 식물도 아니고 동물도 아니야. 균계 소속인데, 균계에 속한 생물이 약 380만 종이야. 이들 대부분이 아직 이름도 없어. 과학자들이 아직 연구하지 않은 종이 그만큼 많은 거야.

건강한 생태계에는 곰팡이가 꼭 있어야 해. 왜냐고? 곰팡이가 재활용을 끝내주게 잘하거든. 곰팡이가 죽은 식물을 분해할 때 나오는 영양분으로 새 식물이 자라. 균사체를 식물 뿌리에 연결해 당분을 흡수하고 그 대신에 물과 영양소를 식물에 제공하는 곰팡이도 꽤 많아.

곰팡이는 습기가 많은 촉촉한 환경을 좋아해. 그래서 따뜻하고 습도가 높은 계절에 더 많이 보이지. 곰팡이를 보고 싶다면, 낙엽이 쌓여 있는 땅을 잘 살펴봐. 아마 꽤 재미있는 걸 발견하게 될 거야.

곰팡이와 버섯이 다른 줄 아는 사람이 많지만, 과학적으로는 버섯도 곰팡이야. 너 혹시 버섯 좋아하니? 맛있는 버섯도 있지만 독을 품고 있는 종류도 많아. 독버섯을 아주 조금만 먹어도 죽을 수 있어.

눈으로만 보세요!

식료품 가게에서 산 게 아니라면, 버섯이 아무리 먹음직스러워 보여도 눈으로만 봐. 잘 모르는 버섯에 손과 입을 대는 건 절대 금지!

이상하기도 하고 아름답기도 한 갖가지 버섯

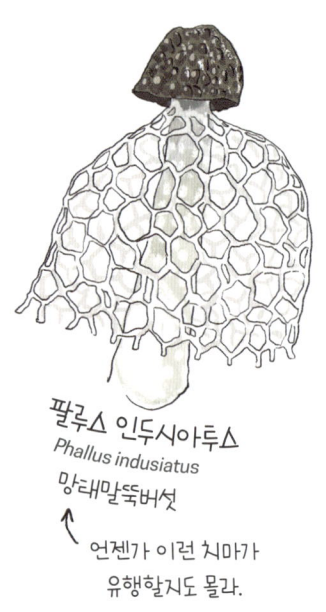

팔루스 인두시아투스
Phallus indusiatus
망태말뚝버섯

← 언젠가 이런 치마가 유행할지도 몰라.

클라바리아 졸링게리
Clavaria zollingeri
자주싸리국수버섯

키아투스 스트리아투스
Cyathus striatus
주름찻잔버섯

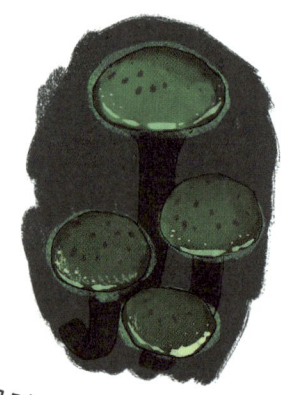

아르밀라리아 노바이-젤란디아이
Armillaria novae-zelandiae
뉴질랜드에 서식하는 형광버섯

여드름인 잔뜩 난 이 버섯이 아마 세상에서 가장 유명한 곰팡이일 거야. 많은 사람이 이 버섯을 한 번쯤 보았을 테지만 이름은 잘 모를걸. 이 버섯의 이름은 광대버섯, 학명은 아만티아 무스카리아 Amantia muscaria야. 옛날에는 이 버섯의 독으로 파리를 잡았대.

곰팡이 위에 또 곰팡이

주름살이 없는 대신에 스펀지처럼 작은 구멍이 송송 뚫린 버섯도 있어.

작은 생물들이 버섯을 먹어. 가까이 들여다보면 딱정벌레, 굼벵이, 달팽이와 민달팽이가 버섯 잔치를 벌이는 게 보일 거야.

버섯을 구별하는 건 어려워!

버섯을 정확하게 구분하는 건 정말 어려워. 비슷비슷하게 생긴 버섯이 너무 많아서 그런 거야. 먹는 버섯을 닮은 독버섯도 많은데, 전문가들도 둘을 구분하기 힘들대. 그러니까 모르는 버섯을 만나거든 눈으로 보고, "이 버섯 참 예쁘다!" 하고 말해 주고, 손으로는 만지지 마.

우리 생활에서 마주치는 곰팡이

며칠 비우지 않은 음식물 쓰레기통

카망베르 치즈를 뒤덮고 있는 하얀 층

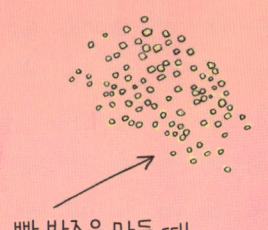

빵 반죽을 만들 때 넣는 효모균 알갱이

효모균도 곰팡이야. 따뜻하고 바삭한 빵을 먹을 수 있는 건 곰팡이 덕분이지!

공기에 자연 효모균이 섞여 있어. 아주 작아서 현미경으로나 볼 수 있지.

개똥에서 자라난 섬세하고 길쭉한 곰팡이

이틀쯤 씻지 않고 내버려 두면 도시락이 곰팡이 천국으로 변해.

쥐며느리

이름이 참 희한하지? 며느리가 시어머니를 무서워하는 것처럼 이 동물이 쥐를 만나면 벌벌 떨어서 이런 이름을 붙였대. 그냥 쥐를 닮아서 쥐며느리라고 했다는 이야기도 있고.

쥐며느리는 아주 작고 푸른색과 회색이 섞인 육상 갑각류야. 게랑 가재랑 새우도 갑각류니까 쥐며느리가 땅에 사는 게 사촌쯤 되는 거지.

쥐며느리는 습기가 많은 장소에서 살아. 낙엽이 쌓인 그늘진 곳, 썩어 가는 통나무, 화분 아래 같은 곳 말이야. 쥐며느리는 주로 밤에 움직이니까 관찰하고 싶으면 잠을 좀 줄여야 할 거야.

내 사촌 게에게

난 가끔 이런 생각을 해. 너처럼 멋진 집게발을 가지고 태어났다면, 내 인생이 얼마나 달라졌을까? 내가 너만큼 맛있지 않은 건 참 다행이야. 나는 오줌 맛이 나서 사람들이 잡아먹지 않거든.

너의 사촌 쥐며느리 보냄.

내가 헤어드라이어를 쓰는 건 절대로 못 볼걸.

쥐며느리는 아르마딜로와 꽤 비슷해. 아르마딜로처럼 단단한 판 여러 개로 몸을 보호하거든. 쥐며느리 친척인 공벌레는 위협을 느끼면 공처럼 몸을 동그랗게 말아. 이럴 때 공벌레를 손바닥에 올려놔 봐. 가만히 있으면, 안전하다고 느낀 공벌레가 걸어 다니면서 손가락을 간지럽힐 거야.

쥐며느리를 찾고 싶으면 나무 아래에 쌓인 낙엽을 들춰 봐.

공벌레와 콩알
실제 크기니까 둘을 비교해 봐.

거친양쥐며느리
포르켈리오 스카베르
Porcellio scaber
돼지 / 작다 / 거칠다 (몸이 울퉁불퉁하잖아.)

- 여러 부분으로 나뉜 등판
- 성격이 온순하고 부끄러움을 잘 타.
- 겹눈
- 꼬리다리
- 종종걸음을 칠 때 쓰는 다리 일곱 쌍 다리에 털이 있어.
- 더듬이

쥐며느리가 있는 곳에는 돼지거미가 나타날 가능성이 커. 돼지거미가 거의 쥐며느리만 잡아먹고 살기 때문이지.

내 삶은 날마다 잔치야. 돌 틈만 뒤지면 포동포동한 바닷가재 사촌이 나오니까.

디스데라 크로카타
Dysdera crocata
돼지거미

돼지거미 배는 땅콩을 빼닮았어.

비슷하면서도 서로 다른 지네와 노래기

지네강 동물과 노래기강 동물은 서식지가 비슷해. 둘 다 축축한 곳을 좋아하지. 낙엽을 들추면 둘 다 나올 텐데 어떻게 구분할까? 지네강 동물은 다리가 많고, 노래기강 동물은 다리가 더 많기는 한데, 아무래도 이걸로는 둘을 구분하기 어렵겠지? 그러니까 아래 설명과 그림을 잘 봐 둬.

지네강 동물

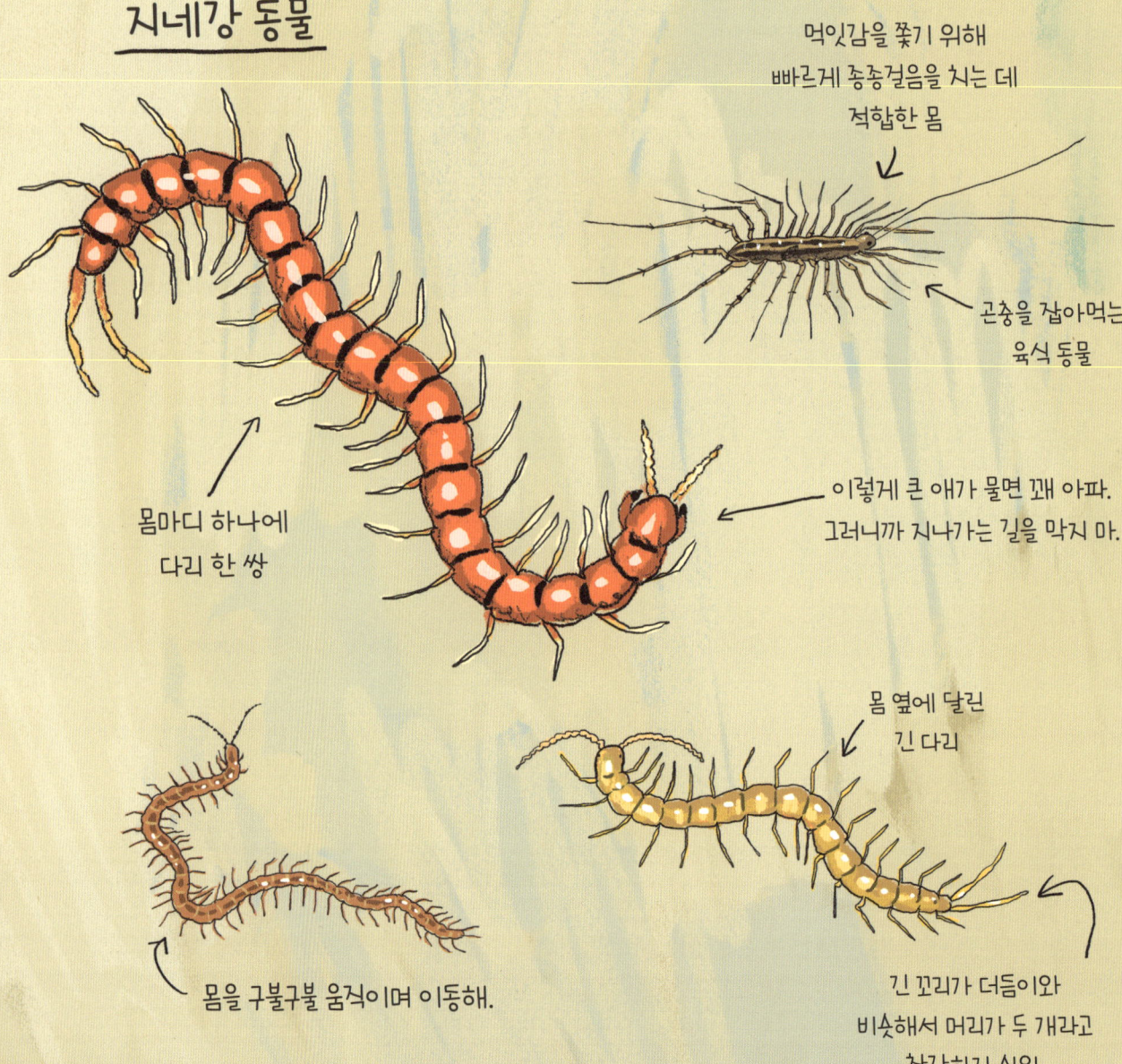

먹잇감을 쫓기 위해 빠르게 종종걸음을 치는 데 적합한 몸

곤충을 잡아먹는 육식 동물

몸마디 하나에 다리 한 쌍

이렇게 큰 애가 물면 꽤 아파. 그러니까 지나가는 길을 막지 마.

몸 옆에 달린 긴 다리

몸을 구불구불 움직이며 이동해.

긴 꼬리가 더듬이와 비슷해서 머리가 두 개라고 착각하기 쉬워.

노래기강 동물

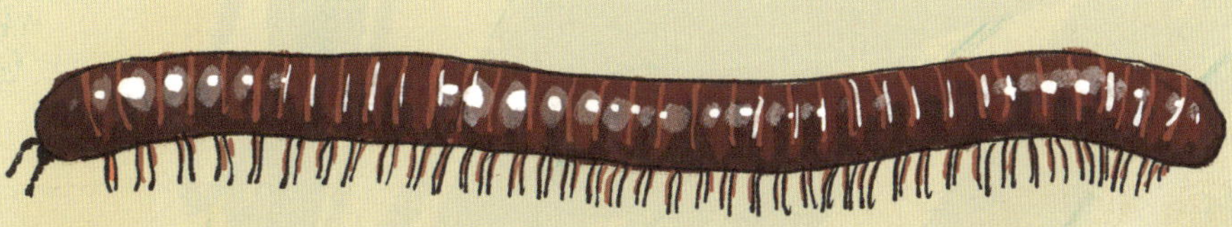

← 썩어 가는 식물을 먹는 초식 동물

← 몸마디 하나에 다리 두 쌍

굴을 뚫는 데 적합한 몸 ↓

널 물지는 않아. ↓

← 얘는 아프리카자이언트노래기*인데 몸길이가 30cm가 넘어!

↑ 다리가 몸 아래에 달려 있어. 지네강 동물은 몸 옆에 다리가 붙어 있지.

노래기는 겁을 먹으면 이렇게 몸을 말아. ↙

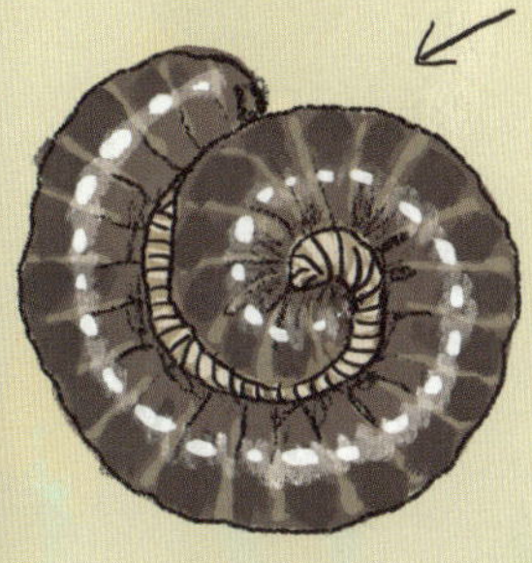

구슬노래기는 몸이 짧아. 처음 보면 쥐며느리로 착각하기 쉽지. ↙

내 다리는 하나 둘 셋 넷 다섯 여섯 일곱 여덟 아홉…… 휴, 숨차다!

노래기는 지네보다 훨씬 느리고 기차처럼 똑바로 나아가.

정말로 축축한 연못과 빗물 웅덩이

아무도 건드리지 않은 빗물 웅덩이와 연못은 온갖 생물이 사는 기막힌 서식지야. 진짜 축축한 곳이지!

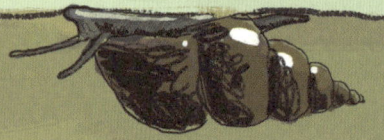

다슬기

다슬기는 표면 장력을 이용해 수면에 거꾸로 붙어서 걸어. 물론, 자기가 원할 때는 수면에서 떨어져 바닥으로 가라앉을 수도 있지.

물벌레와 다른 점은? 몸을 뒤집어 헤엄치는 배영 선수라는 거지.

송장헤엄치개

물벌레

물속에 사는 작은 곤충인 물벌레는 노처럼 생긴 다리로 물을 가르며 헤엄쳐.

플랑크톤

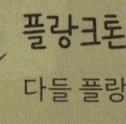

다들 플랑크톤이 바다에서만 사는 줄 알겠지만, 민물에서도 살아. 플랑크톤은 아주 작아서 현미경을 써야 보여. 왼쪽에 확대한 플랑크톤은 요각류로 눈이 하나뿐이야.

아주 크게 확대한 모습

피를 빨아 먹을 동물을 찾는 거머리

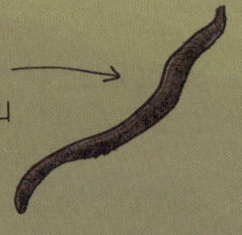

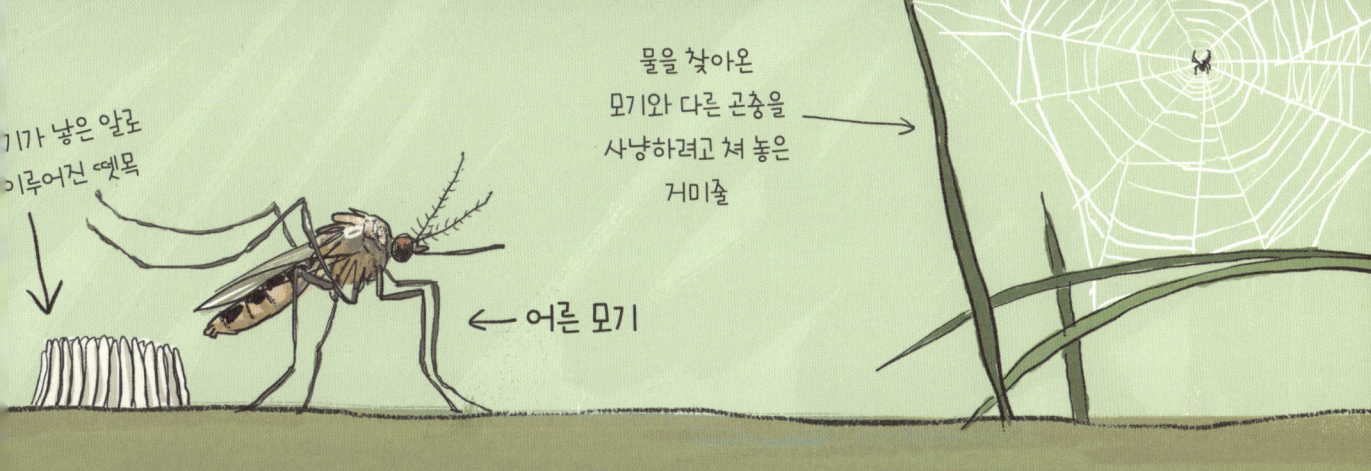

기가 낳은 알로
이루어진 뗏목

← 어른 모기

물을 찾아온
모기와 다른 곤충을
사냥하려고 쳐 놓은
거미줄

모기

모기는 파리목 소속이야. 하지만 알에서 구더기가 나오진 않아. 애벌레는 잔잔한 민물에서 헤엄쳐.

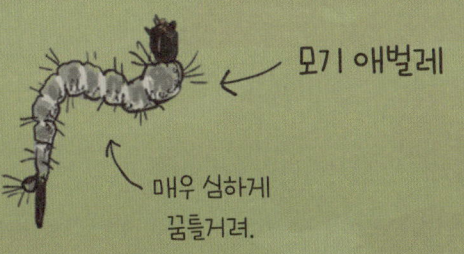

모기 애벌레

매우 심하게 꿈틀거려.

이 좋은 애기물방개야.
학명은 란투스 수투랄리스 Rhantus suturalis.

날개 아래에
공기 방울이 있어.

실잠자리 애벌레

물방개

물방개는 물속에 사는 딱정벌레야!
잠수부들처럼 공기를 가지고 다니지.
다른 연못으로 이사하고 싶을 때는? 날아가!
물방개는 조기 보이는 모기 애벌레를 먹어.

바닥에서 하늘하늘 움직이는 물지렁이

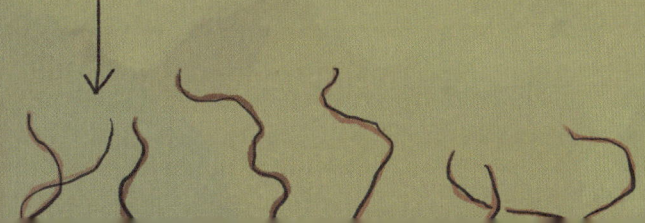

41

밤에만 보이는 장면

많은 동물이 밤에만 중요한 일을 해. 밤에 나오면, 온갖 동물이 먹고, 먹히고, 짝짓기를 하고, 심지어 짝짓기를 하는 동안 먹히는 장면까지 볼 수 있어.

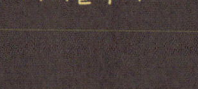
거미줄 수리

나방 눈은 빛을 받으면 빛이 나. 풀숲에 손전등을 비추면 빛나는 작은 구슬 두 개가 먼저 보이고, 한참 뒤에 나방 몸이 보이지.

달팽이와 민달팽이도 밤에 돌아다녀. 밤에는 햇빛에 마를 걱정을 할 필요가 없으니까. 운이 좋으면 민달팽이가 짝짓기 하기 전에 춤추는 걸 볼 수 있어.

거미는 주로 밤에 거미줄을 쳐. 자기를 노리는 새들이 잠들었을 때 거미줄을 치는 게 안전하기 때문이지.

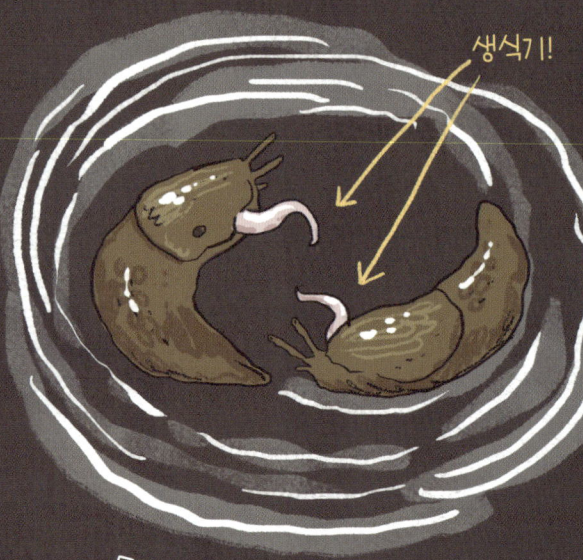
생식기!

둥글게 둥글게 빙글빙글 돌아가며……

버섯은 포근하고 촉촉한 밤에 올라와. 만약 네가 밤에 이런 모습을 보았다면……

다음 날 아침에는 이렇게 다 자란 모습을 볼 수 있어.

낮에 활동하는 동물들은 밤에는 무얼 할까?

밤이 오면 낮과는 다른 소리가 들려. 낮에 붕붕거리던 동물들은 잠을 잘 테니, 귀뚤귀뚤 귀뚜라미가 우는 소리에 귀를 기울여 봐.

쌔근쌔근

너 벌써 잠들었니?

벌들은 따듯한 집으로 돌아가 잠을 자.

새들도 잠잘 곳을 찾아가지. 어디서 자는지 알고 싶다면, 새똥이 잔뜩 떨어져 있는 곳을 찾으면 돼.

나비와 파리도 사냥꾼과 거친 날씨를 피하기에 좋은 곳을 찾아가.

낮에는 안 보이던 것이 밤에 보이기도 해. 밤에는 전등이 비추는 좁은 구역만 집중해서 살펴보기 때문이지.

나방을 비롯한 날벌레들은 빛에 이끌려. 헤드램프를 쓰고 밤에 나가면 곤충들이 얼굴로 날아와 자기소개를 할 테니까 대비해야 해.

가장 좋은 대비책은 입을 꾹 다무는 것!

내 입에는 출입 금지! 난 채식주의자야.

동물들이 좋아하는 시간도 가지가지

야행성 – 밤이 오면 활발하게 움직여.
주행성 – 낮에 활발하게 움직여.
아침저녁형 – 이른 아침과 해질 녘에 주로 활동해.
아침형 – 이른 아침에 활발해.
저녁형 – 어둑어둑해져야 활동을 시작해.

학교에 안 갈 거예요. 난 저녁형 인간이거든요.

인내심을 가져야 보이는 장면

네가 싫어하는 말 중에 혹시 '인내심'이 있지 않니? 케이크가 다 익거나 자전거 수리가 끝나길 기다리는 건 정말 짜증 나잖아. 하지만 관찰하면서 액션, 드라마, 긴장감, 짜릿함을 느끼고 싶다면 인내심을 가져야 해. 특히 거미줄을 관찰할 때는 인내심이 꼭 필요하지.

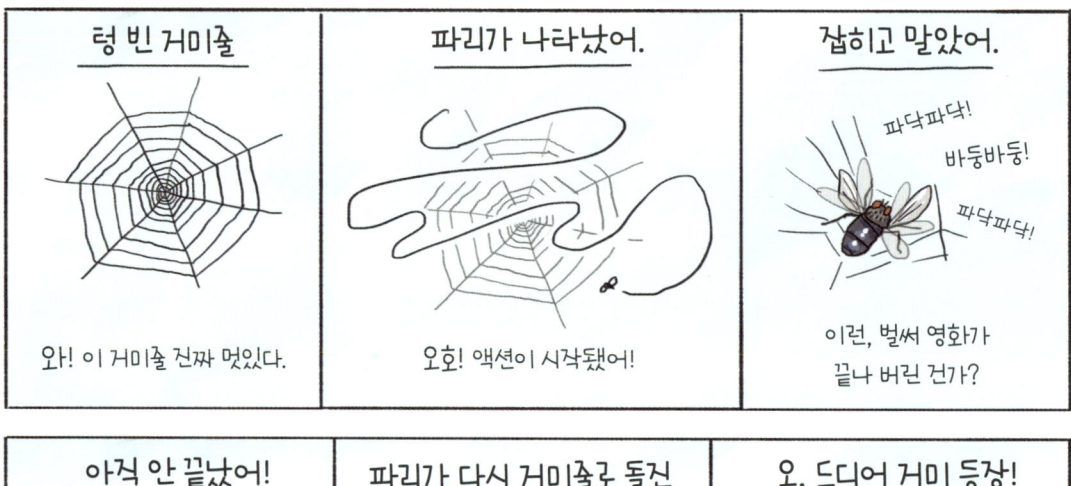

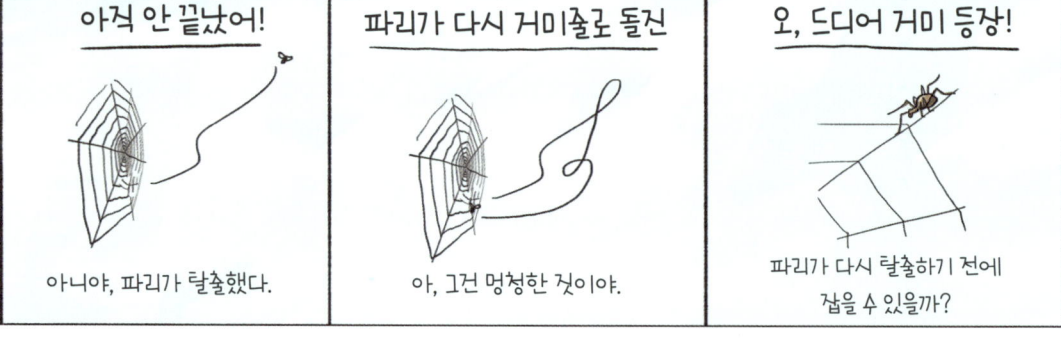

밤에 파리를 바깥으로 내보내는 방법

파리는 빛의 유혹에 저항하지 못해. 그래서 빛을 이용해서 파리를 네가 원하는 곳으로 정확하게 보낼 수 있지.

파리가 있는 방의 불을 끈 다음에 문을 열어 놓고 옆방 불을 켜. 파리가 옆방으로 날아가면, 문을 닫아서 파리가 다시 돌아가지 못하게 막아.

똑같은 일을 여러 차례 반복해서 파리를 현관문 바깥으로 유인해. 이 방법은 현관문 바깥에 전등이 있으면 효과가 더 좋아.

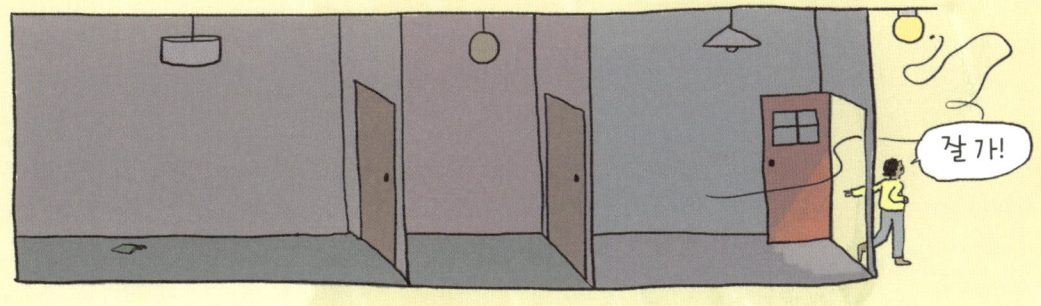

안 보이게 꼭꼭 숨어라!
자기 몸을 숨기는 여러 가지 위장술

주변 환경에 섞인다

움직이지 않는 것으로 위장한다

↑ 나뭇잎으로 위장한 나비

새똥과 구별하기 어려운 새똥거미

눈에 확 띄는 것으로 위장한다

와, 꽃이다!

← 꽃으로 위장해 사냥감을 기다리는 난초사마귀

감자를 좋아하는 동물을 잡을 때 쓰는 위장복

덕지덕지 붙여서 가린다

날도래 애벌레는 작은 조각들을 붙여서 몸을 보호하는 집을 만들어.

내가 가꾸는 정원이야.

몇몇 게들은 등딱지에 해초를 키워.

몸을 납작하게 만들어 그림자를 없앤다

위에서 본 모습

앞에서 본 모습

보통 때

숨었다!

투명하면 안 보인다

히히히히히!

해파리가 이 위장술에 가장 뛰어나.

바싹 마른 콘크리트 길에서도 생물들을 만날 수 있을까?
관찰학자에게는 살펴볼 것이 넘치는 곳이야.
좁게 갈라진 틈으로 개미들이 부지런히 드나들고,
나비가 햇빛에 날개를 말리다가 팔랑팔랑 날아오르고,
지의류가 야금야금 자라나는 곳이니까.
눈을 크게 뜨면 흔적을 보고 어떤 새가 다녀갔는지
알 수도 있지.

딱딱한 콘크리트 길

개미

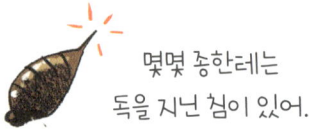

여왕이 입는 드레스처럼 고운 날개

여왕개미

개미 한 마리가 콘크리트가 갈라진 틈으로 쏙 들어갔다면, 그곳에 여왕개미가 10,000마리나 되는 자매들과 함께 살고 있을 거야. 개미는 늘 무언가를 해. 그래서 관찰이 아주 흥미진진하지. 개미는 공부할 게 진짜 많은 동물이라서 개미학이라는 학문이 따로 있어.

개미는 말벌과 꿀벌 등과 함께 벌목 소속이야. 개미도 꿀벌처럼 무리를 지어 살아. 개미한테 어떤 특징이 있는지 알아볼까.

몇몇 종한테는 독을 지닌 침이 있어.

개미 턱은 잘 깨물고 잘 씹도록 진화했어.

애벌레는 파리 구더기와 비슷하게 생겼어.

먹이 수집

알과 애벌레 돌보기

둥지 방어

개미 무리에서 알을 낳는 건 딱 한 마리뿐인 여왕개미야. 애벌레한테 특별한 먹이를 먹이면, 그 애벌레는 새 여왕개미가 돼. 새 여왕개미는 자기 무리에서 멀리 떨어진 곳으로 날아가. 땅에 착륙하자마자 날개를 떨어뜨리고 안전한 땅속에 들어가 알을 낳지. 이렇게 새로운 개미 무리가 시작되는 거야.

바삐 돌아다니는 개미들은 전부 암컷 일개미야. 무리가 잘 성장하는 데 필요한 여러 임무를 수행하는 게 바로 일개미지.

수컷 개미의 임무는 딱 한 가지야. 새 여왕개미와 함께 날아올라 하늘에서 짝짓기를 하는 것!

이런 개미들은 조심해!

옆에 앉아서 지켜봐도 보통 개미들은 신경도 쓰지 않아. 그렇지만 사람한테 달려들어 물거나 침을 쏘는 종도 있으니까 조심해야 해. 호주에 사는 불독개미나 총알개미가 그런 종이지.

흰발마디개미

간지럽다.

불독개미

침이 따갑다.

일개미 몸 살펴보기

개미 몸은 다른 곤충들과 좀 달라.
머리-가슴-배가 아니라, 머리-가슴배-배로
이루어져 있어.

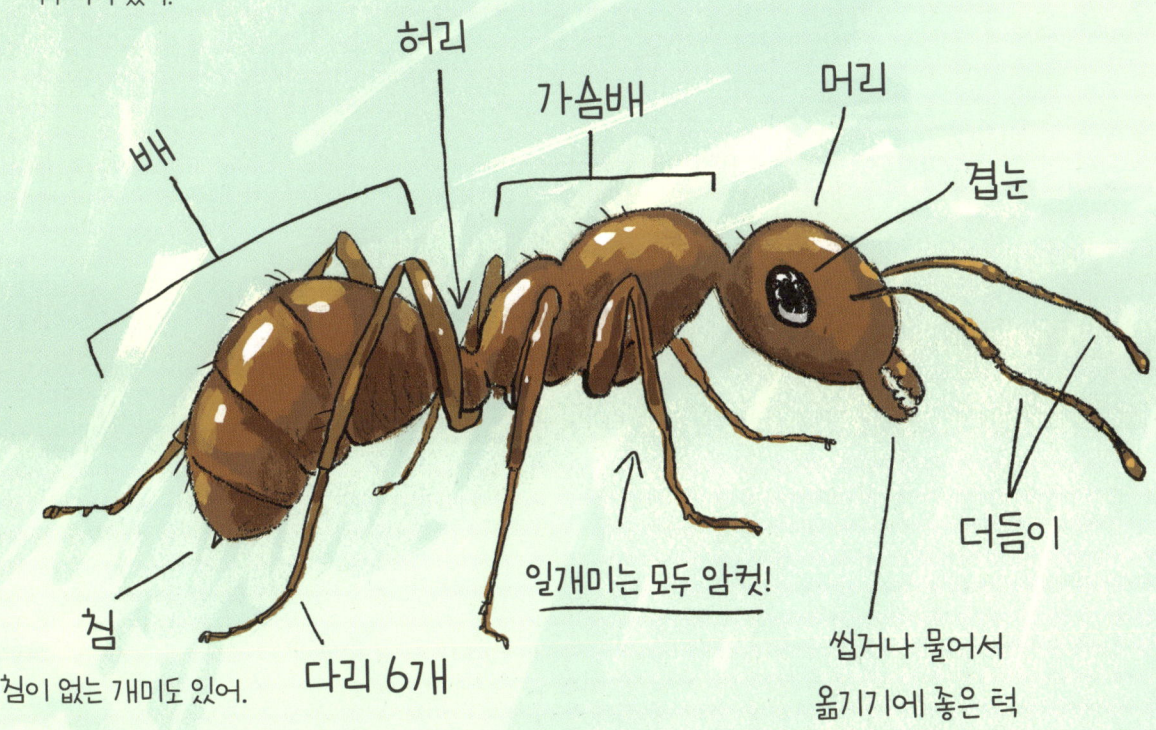

배 / 허리 / 가슴배 / 머리 / 겹눈 / 더듬이 / 침 / 다리 6개 / 일개미는 모두 암컷! / 씹거나 물어서 옮기기에 좋은 턱

침이 없는 개미도 있어.

카레바라 브루니 Carebara bruni 종
일개미의 실제 크기
↓

병아리콩
← 디노포네라속 일개미의
실제 크기

개미들이 줄지어 다니는 고속도로를 찾아서
개미들이 어디로 가서 무엇을 하는지 관찰해 봐.

어쩌다가 개미집을 들쑤셔 놓으면,
개미들이 알, 애벌레, 번데기를 안전한 곳으로
옮기려고 미친 듯이 움직일 거야.

작은 쌀알처럼
보이는 게 알이야.

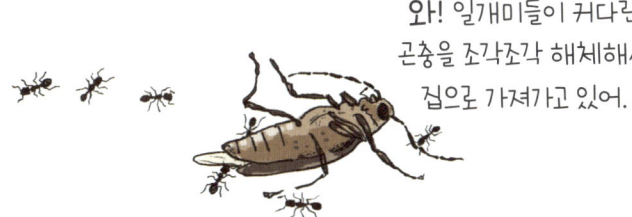

와! 일개미들이 커다란 곤충을 조각조각 해체해서 집으로 가져가고 있어.

이 개미들이 먹는 건 새똥이야. 점심 메뉴로 참 이상한 걸 선택한 것 같겠지만 새똥에는 소중한 영양소가 들어 있어.

한 개미가 커다란 먹잇감을 발견하면, 냄새가 나는 페로몬을 뿌려서 길을 만들어. 그러면 다른 개미들이 그 길로 달려와서 먹잇감에 바글바글 달라붙지! 혼자 다니는 개미를 보고 길을 잃었다고 생각하지 마. 먹잇감을 찾아 나선 용감한 정찰병일 테니까.

개미 두 마리가 서로 머리를 맞대고 있으면, 대화하고 있는 거야. 개미는 더듬이를 접촉하거나 여러 가지 페로몬을 내뿜어서 말을 주고받아.

혼자 돌아다니는 개미가 보이면, 잼이나 햄을 슬쩍 땅에 떨어뜨려 놓고 기다려 봐. 영화보다 재미있는 일이 벌어질 거야.

오리

지빠귀

기러기
이 똥 진짜 길다!

찌르레기

자두를 잔뜩 먹은
지빠귀

닭   비둘기

참새

웩! 입으로 나온 것들

몇몇 새들은 소화하지 못한 것들을 똘똘 뭉쳐서 토해. 그걸 펠릿이라고 해.

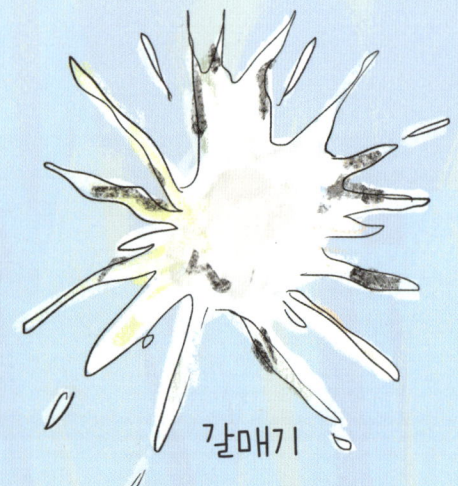
갈매기

부엉이 펠릿 — 곤충 다리, 작은 뼈, 이빨, 털, 조개껍데기

갈매기 펠릿 — 작은 뼈, 게 집게발, 뻣뻣한 해초, 딱딱한 씨앗

새똥은 새를 찾아 주는 길잡이

바닥에 새똥이 잔뜩 떨어져 있는 게 보이면, 조심스럽게 위를 쳐다봐. 새들이 그곳에서 쉬거나 둥지를 틀고 있을 거야. 그런 장소에 오래 있다간 지저분한 일을 겪을 수도 있으니까 조심해.

새는 총배설강이라고 부르는 구멍이 엉덩이에 딱 하나 있어. 그래서 오줌과 똥을 따로 누지 않고 한꺼번에 배설해 버리지.

먹은 것에 따라서 새똥의 색깔과 질감이 달라져. 자주색 과일을 먹으면 자주색 똥, 오렌지색 과일을 먹으면 오렌지색 똥을 누지.

새똥을 맞으면 행운이 찾아온다고 믿는 사람들이 있어. 뭐든 긍정적으로 생각하는 게 좋기는 하지.

모아 놓으면 보물이 되는 관찰 수집품

관찰의 즐거움 가운데 하나는 자기만의 보물을 수집할 수 있다는 것! 수집품으로는 조그만 것들을 선택하는 게 현명해. 넓은 공간을 차지하지 않고서도 많은 것을 모으고, 식구들이 불평할 일도 없으니까. 보물을 보관하는 데는 성냥갑이나 작은 약병이 안성맞춤이지.

죽은 동물을 보는 건 안타깝지만, 관찰학자에겐 좋은 기회야. 살아 있는 곤충은 너무 빠르거나 위험해서 관찰하기 어렵지만, 죽은 곤충은 요리조리 얼마든지 살펴볼 수 있잖아.

날개가 색이 바래고, 가장자리가 닳고, 구멍이 숭숭 뚫렸다면, 그 나비는 비바람을 견디며 오래 산 거야. 나비 몸이 얼마나 부드러운지 만져 보고, 날개도 쓰다듬어 봐.

잠자리 날개는 흥미로운 물건이야. 꽤 커서 날개를 이루는 여러 부분을 자세히 들여다볼 수 있어.

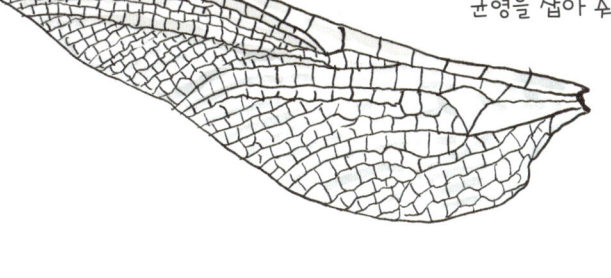

스테인드글라스의 색유리를 닮은 이 부분을 **연문**이라고 해. 연문은 다른 부분보다 약간 무겁고 잠자리가 미끄러지듯 날 때 균형을 잡아 줘.

죽은 말벌을 잘 연구해 두면, 날아다니는 걸 보고도 잘 구분할 수 있어. 죽은 말벌도 침으로 쏠 수 있으니 조심해!

곤충이 왜 죽었는지 조사해 봐. 무언가에 눌려서 납작해졌니? 거미줄 아래에 떨어져 있었어? 물에 빠져 죽은 거 같아? 혹시 굶어 죽은 건 아니야?

딱정벌레는 위험이 닥치면 죽은 척을 해. 이 기술을 가짜 죽음이라는 뜻으로 '가사'라고 하지. 그러니까 관찰하기 전에 곤충이 진짜로 '죽었는지' 확인해!

이 사마귀는 말벌과 대결해서 패배했어.

내가 죽은 거 같지? 아니야, 네가 갈 때까지 죽은 척하는 거야.

지의류

지의류는 콘크리트 길이나 벽에서도 쉽게 볼 수 있어. 시간을 들여서 들여다볼 만한 신기하고 멋진 생물이지.
지의류는 곰팡이와 조류 또는 곰팡이와 박테리아가 결합하여 함께 자라는 생물이야. 그래서 식물도 아니고, 조류도 아니고, 곰팡이도 아니야. 그럼 뭐냐고? 지의류는 지의류야!

지의류는 사막에서 남극까지 지구 어디에서나 살아. 오랫동안 붙어 있을 수만 있다면 나무, 바위, 금속 지붕, 플라스틱, 담장, 절벽, 오래된 뼈에서도 자라지. 지의류는 아주 천천히 성장해. 한 해에 고작 머리카락 두께만큼 자랄 때도 있어.

모양에 따른 지의류 분류

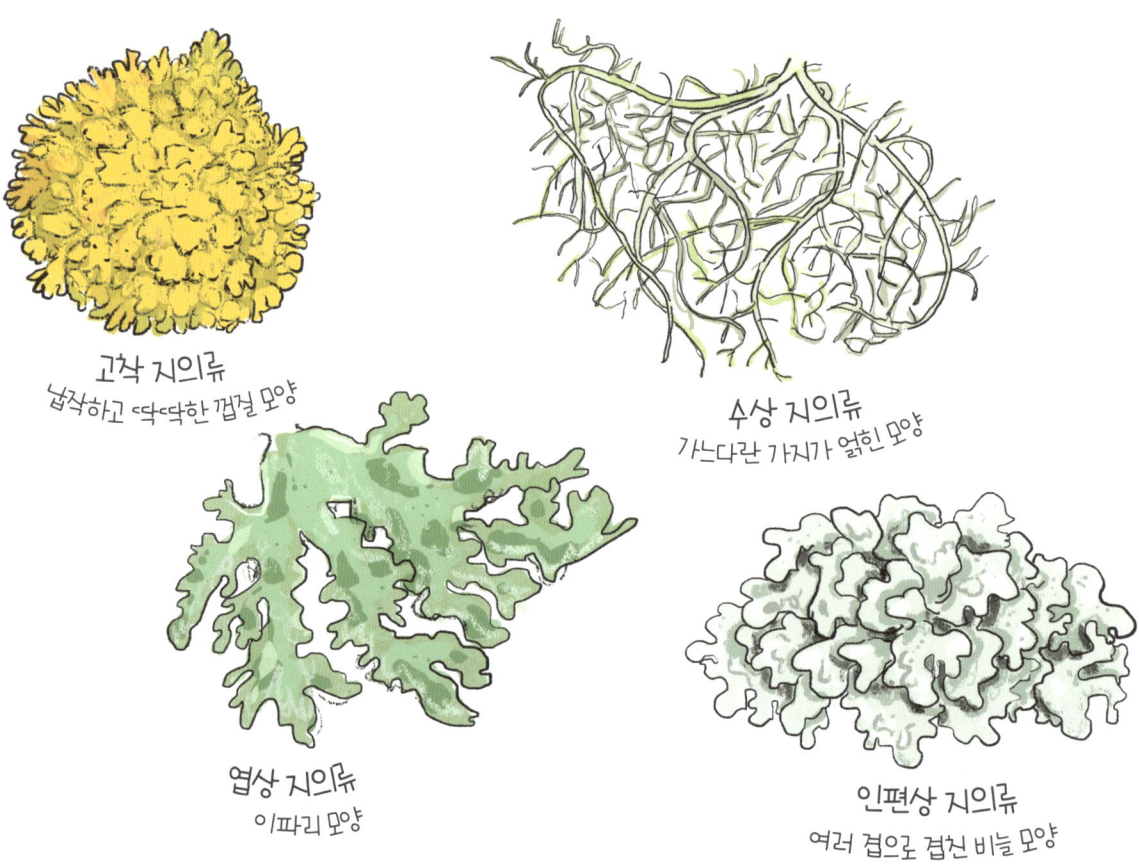

고착 지의류
납작하고 딱딱한 껍질 모양

수상 지의류
가느다란 가지가 얽힌 모양

엽상 지의류
이파리 모양

인편상 지의류
여러 겹으로 겹친 비늘 모양

지의류가 독특하고 기괴한 모습을 띨 때가 있어. 번식할 때가 되면 포자를 방출하기 위한 특수 구조가 생겨나지. 어떤 건 핀처럼 생겼고, 어떤 건 요정이 부는 나팔 같아.

실제로는 키가 1cm밖에 안 되니까 아주 가까이에서 봐야 해.

이게 완보동물이야. ⟶

완보동물은 아주 귀여운 동물로 지의류에서 사는데, 현미경을 사용해야 보일 만큼 작아. 평균 몸길이가 0.5mm밖에 안 되지만 큰 동물들한테 있는 뇌와 소화 기관 같은 게 다 있어. 정말 놀랍지 않니?

완보동물한테는 지의류가 엄청나게 넓은 언덕으로 보일 거야. 다음에 지의류를 관찰할 때, 너도 그런 모습을 상상해 봐.

완보동물을 물곰이나 이끼돼지라고 부르기도 해.

생물 계절학

> **5월 22일 화요일** — 오늘 내가 기르는 거미가 낳은 알에서 새끼들이 부화했다. 이제 내 반려 거미의 수는 128마리.

생물 계절학은 계절에 따른 자연의 변화를 관찰하는 거야. 생물 계절학자는 동물의 습성과 식물의 성장을 주의 깊게 살피고, 관찰한 것을 날마다 기록해.

날마다 관찰하고 기록하면, 몇 년 뒤에는 엄청난 기록이 쌓여. 그걸 보면 어떤 일이 해마다 반복되는지, 어떤 일이 조금씩 변하는지 알 수 있지. 자두나무가 올해는 일찍 꽃을 피웠니? 지금 창문에 붙어 있는 나방이 나타난 게 2년 만이야, 아니면 작년에도 왔어?

처음부터 모든 걸 관찰하고 기록하려고 들면, 너무 힘들어서 금방 재미가 없어질 거야. 생물 계절학을 시작하는 좋은 방법은 네가 진짜 좋아하는 몇 가지만 집중해서 관찰하고, 중요한 일만 일기장에 짧게 기록하는 거야.

생물 계절학에 도전하려면 이런 것부터 시작해 봐!

학교에 갈 때마다 나무 울타리를 지나간다면, 거기에서 향기가 좋은 꽃이 언제 처음 피었는지 기록해.

상록수는 한 해 내내 잎을 달고 있지만, 낙엽수는 추운 계절에는 잎을 떨궈. 그만큼 변화가 많은 거지. 그래서 관찰하고 기록할 게 많아. 나뭇잎이 언제 갈색으로 바뀌니? 마지막 나뭇잎이 땅으로 떨어진 건 언제야? 가지에서 언제 새 눈이 나왔어? 초록빛 새잎이 언제 처음 나왔어?

봄에 새잎이 나올 작은 눈

참새의 한 해

참새는 시시해 보이니? 오래 지켜보면 참새가 점점 흥미로워질걸. 짝짓기 계절에는 참새들이 여기저기서 호들갑스럽게 싸우는 소리가 들려. 둥지를 지을 때가 되면 재료를 모으느라 참새들이 바삐 움직여. 추울 때와 더울 때, 참새들은 다르게 행동하고, 계절에 따라서 먹이도 달라지지.

추울 때는 체온을 유지하려고 몸을 부풀려.

날씨가 건조할 때는 모래로 목욕을 해.

기다란 마른 풀을 부지런히 물어 가서 둥지를 지어.

잘 들어 봐. 무언가를 운반할 때는 날갯짓 소리가 달라.

처마 아래에서 날개를 파닥이면서 새끼들을 먹일 거미와 곤충을 사냥해.

짝이나 영역을 차지하려고 옥신각신 자주 싸워.

살짝 지저분한 똥 도감

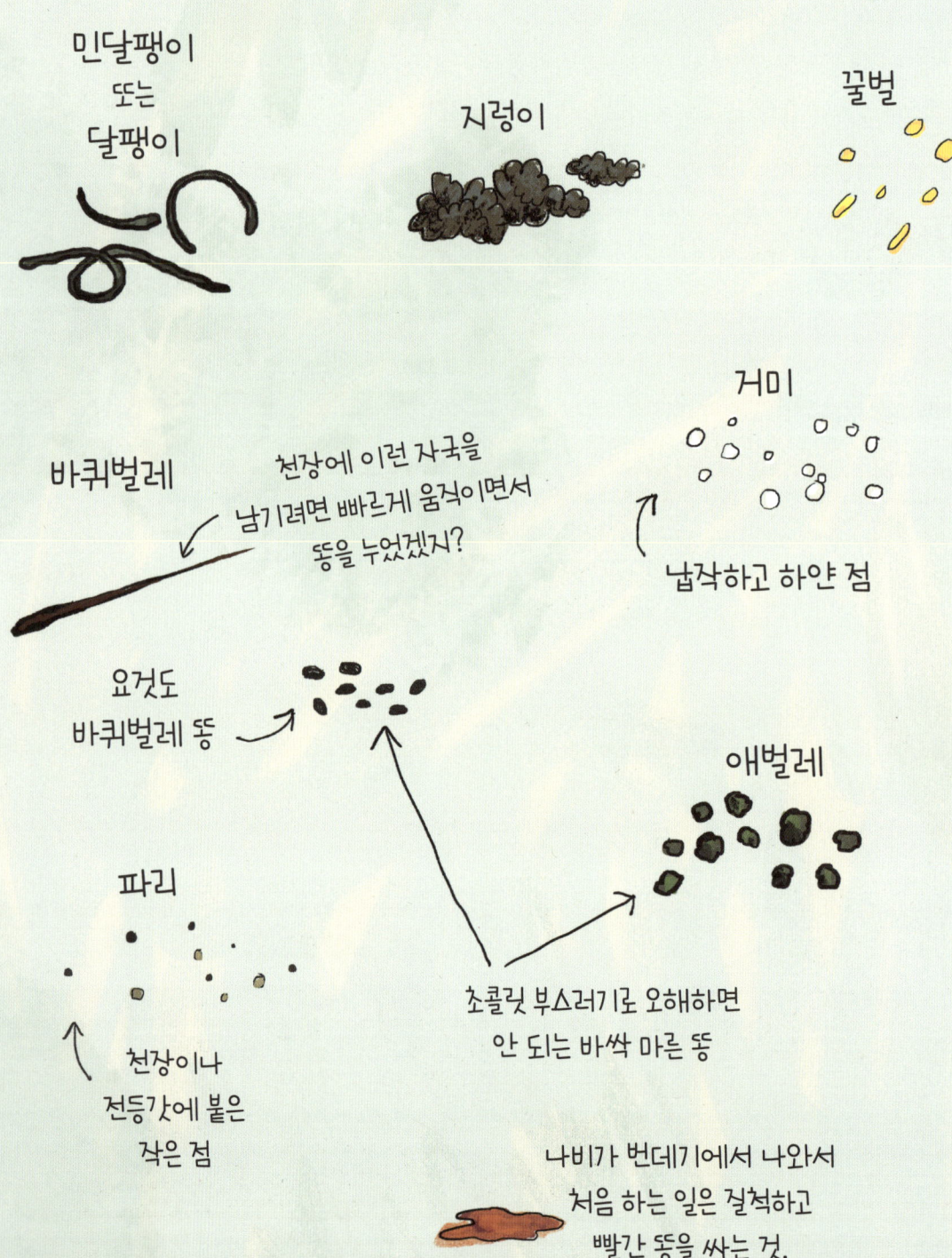

동글납작 알 도감

지렁이

민달팽이 또는 달팽이
← 반쯤 투명한 작은 진주알 같아.

나비
← 잎 아랫면

나방
또는

거미

개미

바퀴벌레

사마귀
← 방 하나에 알도 하나

파리

알에서 애벌레가 나오는 시기는 동물마다 달라. 사마귀알은 알 주머니 속에서 추운 겨울을 나. 이듬해 봄에 어린 사마귀들이 알집에서 떼를 지어 나오지.

귀뚜라미 같은 몇몇 곤충은 암컷한테 이런 게 달려 있어. 침처럼 보이지만 이건 산란관이야! 땅에 찔러 넣어 안전한 땅속에 알을 낳을 때 쓰는 기관이지.

지렁이

지렁이는 정말 멋져! 땅속에서 살지만, 땅 위에도 자주 나타나. 지렁이는 환형동물문 소속이야. 물론 환형동물문에도 수많은 종이 있지.

1979년에 스웨덴 과학자가 지렁이도 기쁨과 고통을 느낀다는 걸 밝혀냈어. 지렁이는 안 그러는 줄 알았니? 이제 알았으니까 지렁이한테 친절하게 대해 줘.

지렁이를 손바닥에 올려놓으면 손가락 사이로 파고들 거야. 자기는 굴을 파고 땅속으로 들어간다고 생각하는 거지. 지렁이는 촉촉하고 시원한 걸 좋아해. 지렁이한테 사람 피부는 너무 뜨겁고 건조하니까 손 위에 오래 두지 마.

짧아 보이는 지렁이도 몸을 쭉 펴면 엄청나게 길어져.

↙ 몸을 쭉 뻗어 힘차게 나아가는 지렁이

해가 쨍쨍 나면 지렁이는 금방 말라서 죽어. 하지만 비가 내릴 때는 땅을 때리는 빗방울의 진동을 느끼고 땅 위로 올라와. 촉촉한 땅에서는 땅속에서보다 더 빨리 움직이지. 먹잇감을 찾거나 새로운 서식지와 친구를 찾기 위해 이동할 때는 이 방법이 효과적이야.

비가 오는 날에는 많은 지렁이가 길을 건너거나 풀밭을 가로질러. 그러다가 가끔 물웅덩이에 빠지기도 하는데, 죽지 않게 구조해 주어야 해. 지렁이 몸이 물렁물렁하거나 우윳빛으로 변했다면, 안타깝게도 이미 늦은 거야.

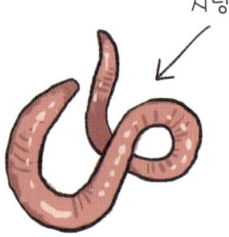

손가락으로 꾹 찌르면 지렁이는 이렇게 돼.

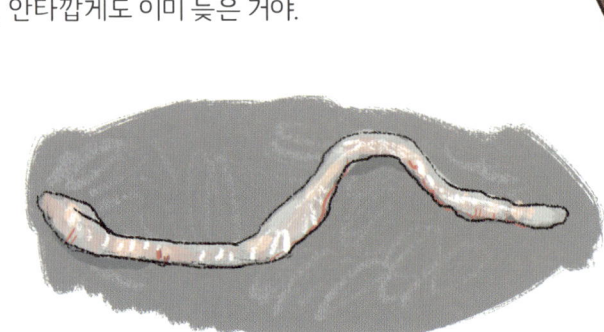

물에 푹 젖은 지렁이

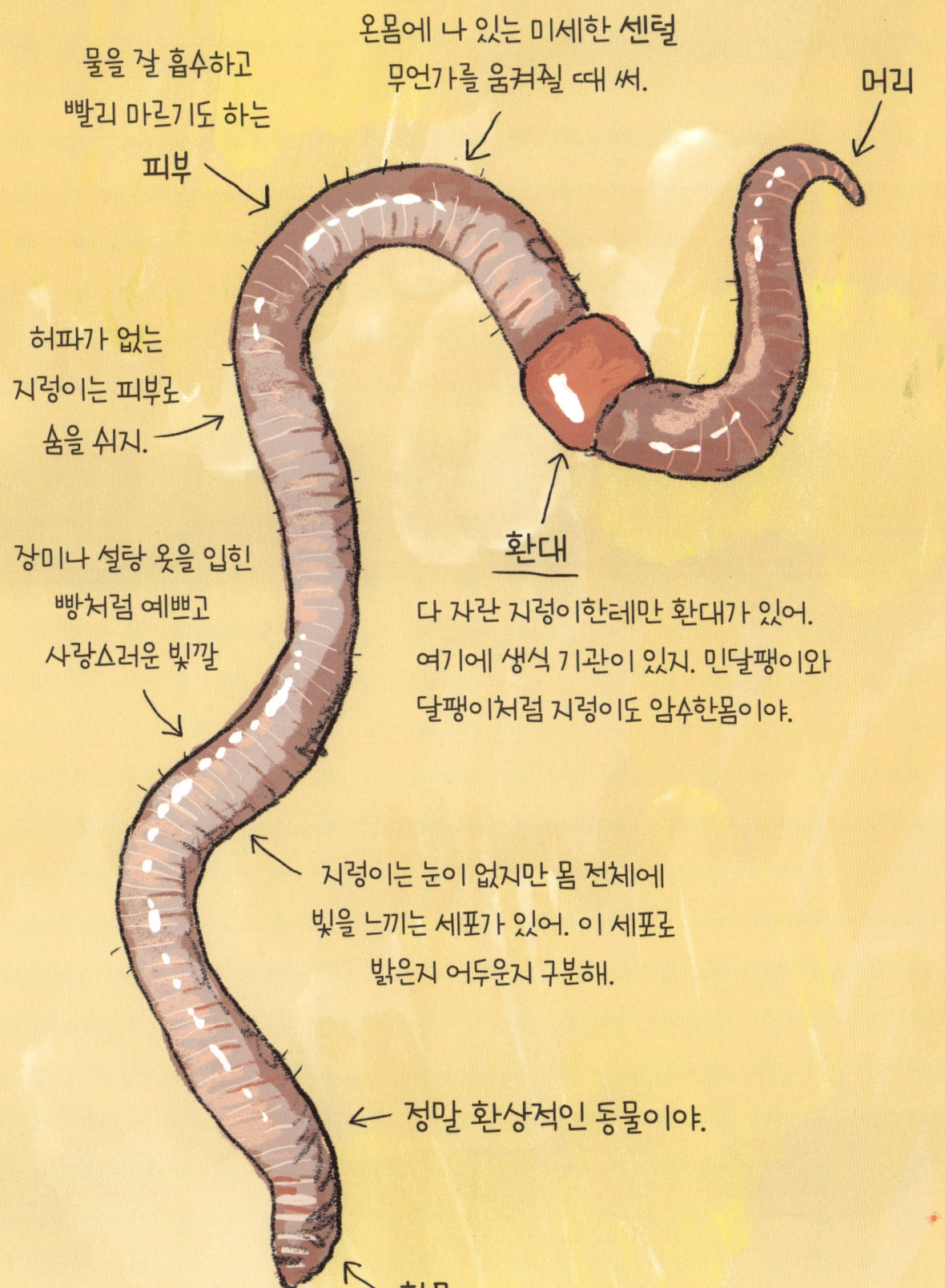

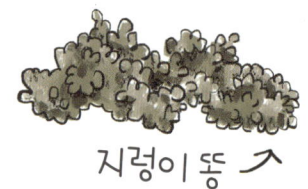
지렁이 똥

풀밭에 흙이 몽글몽글 쌓여 있는 걸 본 적 있지? 작은 포도알처럼 보이는 거 말이야. 그게 바로 지렁이 똥이야.

지렁이는 알이 여러 개 들어 있는 알 주머니를 낳아. 붉은큰지렁이가 낳는 알 주머니는 레몬처럼 생겼어.

지렁이도 종마다 습성이 달라. 줄지렁이는 퇴비 더미나 지렁이 농장에서 음식물 쓰레기와 동물 똥을 우적우적 씹어 먹어. 붉은큰지렁이는 풀밭에 굴을 파면서 썩은 나뭇잎과 흙을 먹지.

← 지렁이 알 주머니

에이세니아 페티다 *Eisenia fetida* 줄지렁이
썩어 가는 음식과 죽은 식물과 똥이 줄지렁이 먹이야.

룸브리쿠스 테레스트리스 *Lumbricus terrestris* 붉은큰지렁이
땅속에 살아. 땅 위에 쌓인 낙엽이 이 지렁이가 좋아하는 먹이야.

몇몇 지렁이는 몸에서 오팔과 비슷한 광택이 나. 오팔의 광택은 바로 이런 느낌. →

새들이 지렁이를 잡는 방법

땅을 두드리거나 긁어서 지렁이를 땅 위로 유인해서 잡아.

1. 북을 치듯이 발로 땅을 두드린다.

2. 잠시 멈춰서 소리를 듣고 눈으로 살핀다. 아무 낌새가 없으면 다시 두드린다.

3. 지렁이가 고개를 내밀면, 잽싸게 낚아채서 홀라당 삼킨다.

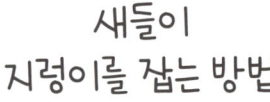
두둥둥 두둥둥 두둥둥

비가 오나?

안 돼!

잡았

테리스왈케리스 레라이레기나이 *Terriswalkeris terraereginae*
호주에 사는 매력적인 파랑 지렁이야. 네 침대만큼이나 깊어!
굴을 깊이 파고 살아서 만나기는 어려워.

짓밟힐 위기에 놓인 지렁이를 안전하게 구출하는 방법

이렇게 손가락으로 지렁이를 집으면 <u>안 돼</u>.
살짝만 힘을 줘도 지렁이가 아파할 수 있어.
지렁이가 고통을 느낀다는 거 기억나지?

아야!

손가락 대신에 넓적한 나뭇잎으로
지렁이를 부드럽게 퍼 올려.
종이 같은 걸 써도 괜찮아.

가서 잘 살아야 해.

나뭇잎째 그늘진 곳으로 데려가서
폭신폭신한 흙 위에 내려놓아. 지렁이도
기쁨을 느끼니까 분명히 고마워할 거야.

살금살금 벌레한테 다가가는 방법

애벌레나 딱정벌레는 네가 가까이서 지켜봐도 전혀 신경 쓰지 않아. 하지만 개구리나 메뚜기는 쉽게 겁을 먹고 도망가지.

> 나를 꼭 관찰하고 싶어? 예의를 갖추면 얼마든지 보여 줄게.

> 뭔가 불길한데.

햇빛이 쨍쨍한 날에는 그림자를 조심해야 해. 그림자가 드리우면, 동물들이 빛의 변화를 알아채고 날거나 점프하거나 종종걸음으로 도망칠 거야.

숨을 고르게 쉬어야 해. 갑자기 숨을 크게 내쉬면, 동물들이 겁을 집어먹어.

벌레가 네 몸에 날아와 설설 기어다닐 수도 있어. 그 느낌이 싫다면 입으로 바람을 훅 불어서 떼어 내면 돼.

> 달팽이처럼 생각하자. 달팽이처럼 움직이자.
> 쿵쿵, 썩은 나뭇잎 냄새가 나는걸.

목표물에 천천히 접근하려면, 달팽이처럼 느릿느릿 품위 있게 움직여. 이 기술을 몸에 익혀야 달팽이 못지않은 포복 전문가가 될 수 있어.

잡초투성이 풀밭

식물이 있는 곳에는 작은 동물들이 숨어 있어.
정원, 공원, 나무 울타리, 잘 관리하지 않은
잔디밭은 곤충들한테는 훌륭한 서식지야. 꽃이
피면 벌과 파리와 나방이 몰려들고, 거미들은
잔치를 벌일 채비를 하지. 쥐며느리와 노래기와
지렁이는 바닥에 떨어진 나뭇잎에 이끌리고,
이들을 노리는 새들도 풀밭을 찾아와.

꿀벌은 꽃에서 꽃가루를 모아다가
집에서 기다리는 새끼들을 먹여.

벌

이건 조그만 뿔가위벌이야. 꽤 매력이 있지?

풀밭에서 가장 자주 만날 수 있는 벌은 꿀벌과 호박벌이야. 작긴 해도 현미경으로 봐야 할 만큼은 아니라서 무엇을 하는지 쉽게 관찰할 수 있어. 몸치장을 하는 벌을 만나거든 다리로 털을 다듬는 모습을 잘 살펴봐. 고양이하고 좀 비슷할걸.

벌이 하는 일을 방해하거나 벌집을 건드리지 않으면, 벌도 널 쏘지 않아. 그러니까 벌이 나타났다고 겁먹지 마.

꿀벌이 하는 일

꽃에서 꽃꿀 빨기. 일부는 먹고 나머지로 꿀을 만들어. 꿀은 벌들의 겨울 식량이야.

가느다란 혀가 보이는지 확인해 봐.

벌집 습도 조절에 필요한 물 모으기. 벌들은 꿀을 잘 보관하기 위해서 부지런히 움직이고 벌집 습도를 세밀하게 조절해.

축축한 이끼 →

세계 곳곳에서 사람들이 벌통에 꿀벌을 키워. 그렇다고 꿀벌을 줄에 묶어 놓는 건 아니야. 벌통 하나에 50,000마리나 사는데 어떻게 그렇겠어? 다행히, 꿀벌은 벌통에서 도망치지 않아. 꿀벌의 한 종류인 양봉꿀벌의 학명은 아피스 멜리페라 *Apis mellifera* 야. '꿀을 나르는 벌'이라는 뜻이지.

꿀벌 수컷의 목표는 딱 한 가지, 알을 낳는 여왕벌과 짝짓기를 하는 거야. 짝짓기는 아주 빨리 끝나. 꽃을 찾아 날아오는 꿀벌은 모두 암컷이야.

꿀벌 수컷

난 한 가지 목표에만 집중해.

눈이 아주 커. 두 눈이 얼굴의 반을 차지할 정도야.

호박벌이 가운뎃다리를 번쩍 든 건 이런 뜻이야. "나 건드리지 마라!"

꿀벌이 꽃에 앉았을 때 뒷다리를 잘 살펴봐. 꿀벌은 뒷다리에 털이 많이 난 부분에 꽃가루를 모아서 집으로 가져가. 꽃가루가 모두 노란색은 아니잖아? 어느 꽃에서 모았느냐에 따라서 꽃가루 덩어리가 흰색이나 빨간색이나 파란색일 수도 있어.

꽃가루를 진짜 많이 모았어! 세계 최고 기록!!!

꿀벌과 호박벌 말고 가끔 정체를 모르는 벌과 마주칠 수 있어. 지구에는 정말로 다양한 벌이 살아. 그러니까 익숙한 벌에만 관심을 두지 말고, 야생에 사는 다른 종들도 기억해 두면 좋을 거야.

난 다른 애들이랑 함께 살지 않아.

뭐든 나 혼자서 하는 게 좋아.

레이오프록투스 파하우마
Leioproctus paahaumaa
단독으로 생활하는 벌 (뉴질랜드)

난 노랗지도 않고 줄무늬도 없어!

아우고클로라 푸라
Augochlora pura
온몸이 초록색인 벌 (북아메리카)

난 아주 작고 침을 쏘지 않아.

테트라고눌라 카르보나리아
Tetragonula carbonaria
침이 없는 벌 (호주)

독수리벌

이런 벌이 있다는 걸 알면 아마 깜짝 놀랄걸! 이 벌은 우리가 아는 벌이랑 엄청나게 다르거든. 그 주인공은 중앙아메리카에 사는 독수리벌.

우리가 썩은 동물을 청소하지 않으면 세상이 지독한 냄새로 가득 찰 거야.

독수리벌은 꽃에는 관심이 없어. 그 대신에 죽은 동물을 찾아서 <u>고기</u>를 먹지.

침이 없어.

트리고나속 소속인 독수리벌

기진맥진한 꿀벌이나 호박벌을 돕는 방법

날씨가 갑자기 추워지면 벌은 체온이 내려가고 기운이 빠져서 움직이지 못해. 밤이 되었는데 집으로 돌아가지 못한 벌들도 그런 상태가 되지. 설탕을 먹이면 벌이 금방 기운을 차려서 날아가니까 이렇게 도와줘.

넓은 병뚜껑이나 얕은 접시에 설탕과 차가운 물을 붓고 시럽 같은 상태가 될 때까지 잘 섞어. 집에 있는 꿀은 벌집 전체에 심각한 질병을 퍼뜨릴 수 있으니까 사용하지 마.

어서 드세요.

기진맥진한 벌에 최대한 가까이 놓아.

와, 처음 보는 맛이야!

벌이 냄새를 맡고 맛있게 먹을 때까지 기다려. 힘이 빠진 벌은 천천히 움직이니까 꽤 오래 기다려야 할 수도 있어. 인내심이 필요한 순간이지.

안녕!

설탕물을 마시고 나서 몇 분쯤 지나면, 벌이 기운을 차려서 날아가. 그러지 않는다면, 그 벌은 살아나지 못할 거야.

벌이 다르면 집을 짓는 방법도 달라!

뜨개질 벌
식물에서 털 뭉치를 모아서
방을 만들고 거기에 알을 낳아.

목수 벌
나무를 씹어서 구멍을 뚫고
거기에 알을 낳아.

미장이 벌
입에서 분비한 물질을 발라서 벌집 방을
매끈하게 만들어.

굴착기 벌
땅속에 구멍을 파서 집으로 삼아.

가위 벌
잎을 동그랗게 잘라 낸 다음에
그걸로 집을 지어.

주의: 여기 쓰인 건 진짜 이름이
아니야. 비슷한 여러 종의 특징을
나타내려고 붙인 별명이야.

말벌 VS 꿀벌

베스풀라 불가리스 *Vespula vulgaris*
말벌의 한 종인 점박이땅벌

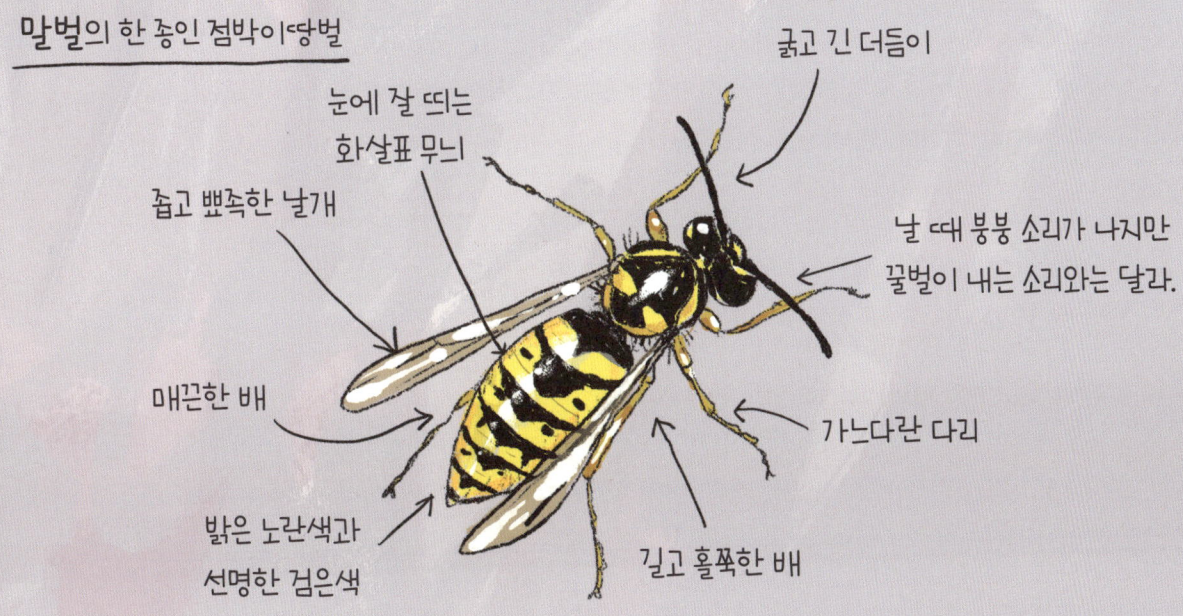

- 좁고 뾰족한 날개
- 눈에 잘 띄는 화살표 무늬
- 굵고 긴 더듬이
- 날 때 붕붕 소리가 나지만 꿀벌이 내는 소리와는 달라.
- 매끈한 배
- 가느다란 다리
- 밝은 노란색과 선명한 검은색
- 길고 홀쭉한 배

아피스 멜리페라 *Apis mellifera*
꿀벌의 한 종인 양봉꿀벌

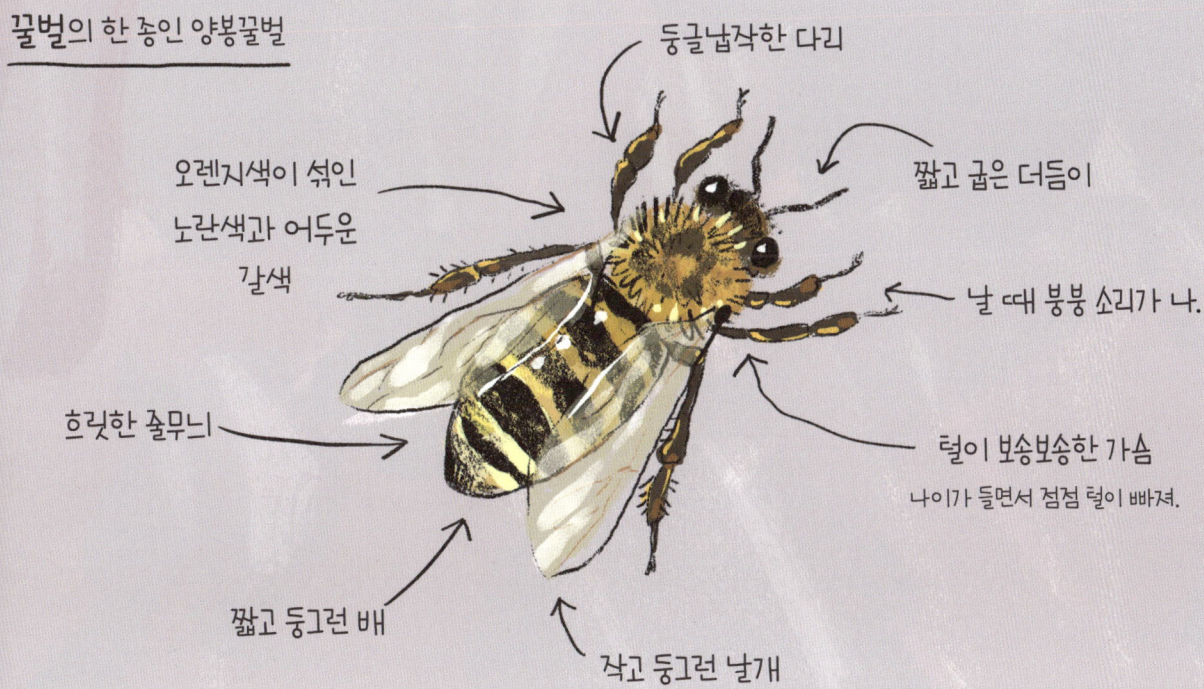

- 둥글납작한 다리
- 짧고 굽은 더듬이
- 오렌지색이 섞인 노란색과 어두운 갈색
- 날 때 붕붕 소리가 나.
- 흐릿한 줄무늬
- 털이 보송보송한 가슴
  나이가 들면서 점점 털이 빠져.
- 짧고 둥그런 배
- 작고 둥그런 날개

말벌

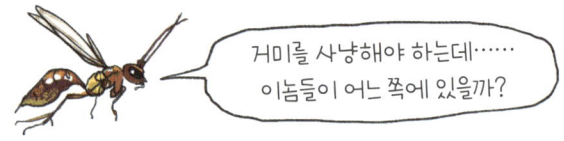

꿀벌은 착하고 말벌은 사납다고 생각하는 사람들이 많은데, 그건 공정하지 않아. 말벌은 종류가 수천 종은 되고, 그중에 많은 종이 꽃가루받이를 해 주거나 해충을 없애 줘. 게다가 몇몇은 매우 아름다워.

우리에게 제법 익숙한 말벌이 점박이땅벌이야. 학명은 베스풀라 불가리스 *Vespula vulgaris*야. 소풍 가서 잼을 바른 샌드위치를 꺼내면, 어느새 나타나서 붕붕거리며 성가시게 구는 노랗고 커다란 벌이지.

점박이땅벌은 원래 서식지에서는 아무 문제도 일으키지 않지만, 사람들 때문에 새로 옮겨 간 곳에서는 골칫거리로 변해. 그들을 잡아먹는 천적이 없어서 금방 수가 늘고, 그만큼 많이 먹기 때문이지.

점박이땅벌은 통통한 애벌레와 순진한 거미도 잡아먹어. 푹 익은 과일도 좋아하고, 남의 꿀도 훔쳐서 먹어. 머리가 아주 잘 돌아가는 곤충이지.

여러 말벌이 나무를 씹은 것과 침을 섞어서 만든 고운 펄프로 커다랗고 훌륭한 벌집을 만들어. 마치 얇은 종이로 만든 정교한 구조물처럼 보이지. 멋진 벌집을 관찰할 때는 벌들이 떠난 빈집인지 확실하게 확인해야 해.

점박이땅벌이 지은 집

말벌 무리에도 여왕벌이 한 마리 있어. 봄에 젊은 여왕벌이 여기저기 날아다니면서 새 무리를 시작할 장소를 찾아. 여왕벌은 금방 알아볼 수 있어. 여왕벌이 일벌보다 두 배나 크거든!

눈여겨볼 다른 말벌들

네텔리아 에피피아타
Netelia ephippiata
오렌지꼬리납작맵시벌*

크산토크립투스 노보제알란디쿠스
Xanthocryptus novozealandicus
레몬나무뾰족맵시벌*

이 벌을 포함한 기생벌들은 숙주로 삼은 곤충 몸속에 알을 낳아. 숙주가 된 곤충은 비참한 최후를 맞지. 기생벌도 종류가 아주 많아.

이 벌은 거미 몸속에 알을 낳아.

크립토케일루스 아우스트랄리스
Cryptocheilus australis
황금대모벌*

폴리스테스 키넨시스
Polistes chinensis
두눈박이쌍살벌

이렇게 생긴 집을 지어.

날 때 대롱거리는 긴 다리

나비 애벌레가 자꾸 사라진다면, 그중에 몇 마리는 말벌이 잡아다가 자기 애벌레한테 먹이로 주었을 거야.

2mm도 안 돼.

케라토솔렌 카펜시스
Ceratosolen capensis
무화과좀벌

정말정말 작은 이 벌은 무화과나무에 꽃가루받이를 해 줘.

크리수라 레풀겐스
Chrysura refulgens
청벌

색깔이 강렬하고 아주 근사하지? 이 벌은 다른 곤충 집에 알을 낳아. 알에서 깬 청벌 애벌레가 집주인이 낳은 알이나 애벌레를 먹어 치우지.

만지작만지작 자연과 놀기

매미 허물 브로치

매미 애벌레는 어른벌레가 될 때 땅속에서 나와 허물을 벗어. 여름이면 나무나 담장에 붙은 빈 허물을 쉽게 발견할 수 있지. 허물이 매우 섬세해서 살살 떼어서 옷에 붙이면 비싼 브로치만큼 아름다워.

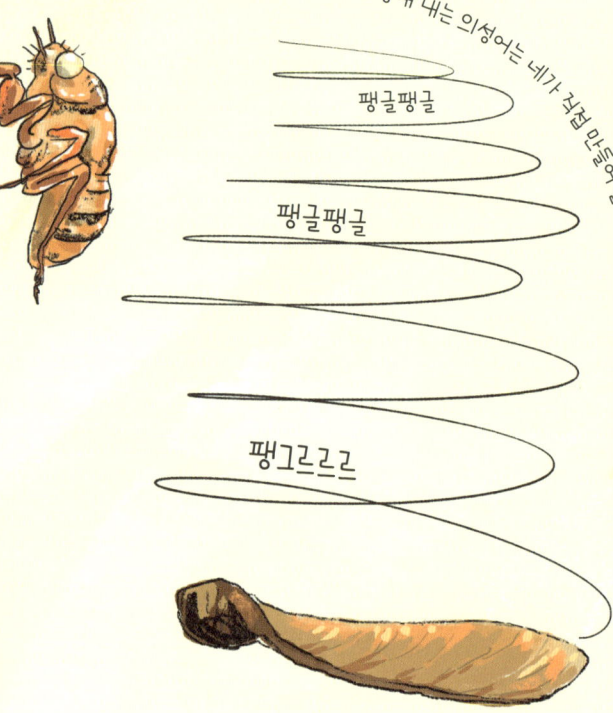

소리를 흉내 내는 의성어는 네가 직접 만들어 보자!

팽글팽글

팽글팽글

팽그르르르

단풍나무 씨앗 프로펠러

단풍나무 씨앗을 공중에 던져 봐. 씨앗이 헬리콥터 날개처럼 돌면서 천천히 땅으로 떨어질 거야.

장미 가시 코뿔소 뿔

장미 넝쿨에서 큰 가시를 떼어서 납작한 쪽을 코에 붙이고 살짝 눌러 줘. 어때, 코뿔소로 변장하기 쉽지! 가시에 찔리면 아프니까 조심해.

와, 네 뿔 멋지다. 근데, 우리 어디서 만난 적 있지 않니?

창질경이꽃 쏘기

창질경이는 흔한 풀이야. 총알처럼 생긴 꽃을 쏘면 잘 날아가. 맞아도 아프진 않은데, 그래도 사람이나 동물한테는 쏘지 마. 맞으면 기분이 나쁘잖아.

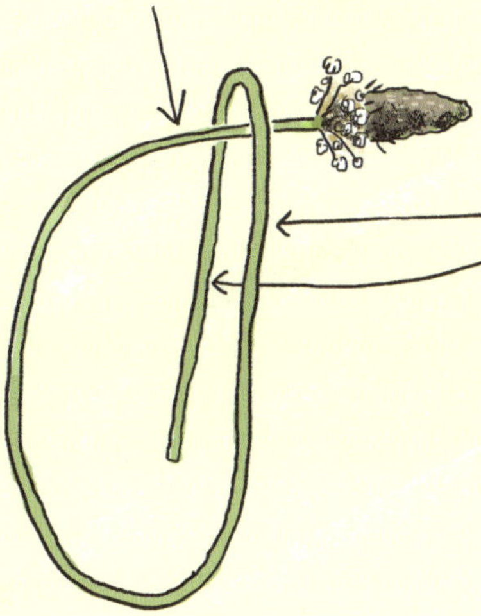

② 여기를 홱 잡아당겨.

③ 이 꽃이 멀리 날아가!

① 이 부분을 한 손으로 꽉 잡아.

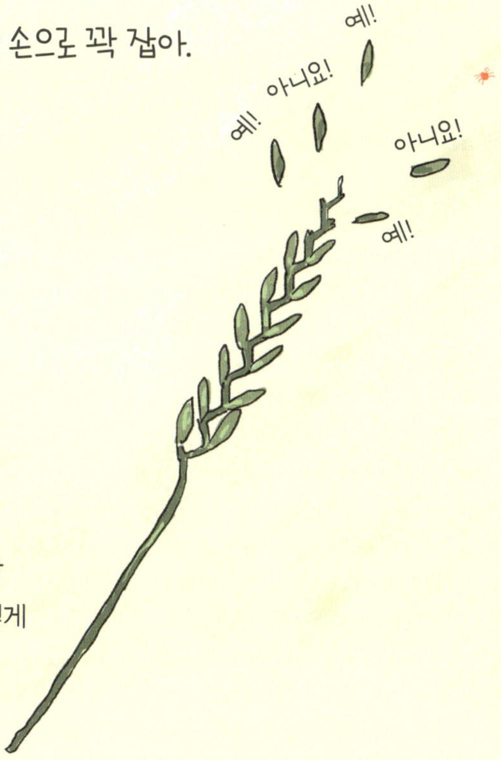

식물로 운을 점쳐 볼까

씨앗을 하나씩 떼어 내기 좋은 풀 이삭을 찾아. 그런 다음 질문을 하는 거야. "아이스크림을 사 먹을까?" 씨앗을 하나 떼면서 말해. "예!" 또 하나를 떼면서 말해. "아니요!" 이렇게 하다 보면 마지막 하나가 남아. 그게 질문에 대한 답이야. 대답이 마음에 안 들어? 그럼 다시 하면 되잖아.

요정에게 줄 칫솔 찾기

요정 칫솔을 숨기고 있는 꽃들이 있어. 꽃잎을 하나하나 떼어 내면서 찾아 봐. 사실 요정들은 이를 안 닦으니까 꽃을 많이 따지는 마.

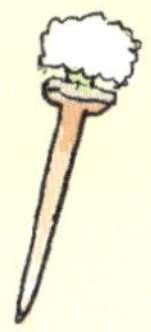

이렇게 생겼지만 실제로는 훨씬 작아.

비가 오는 날에는

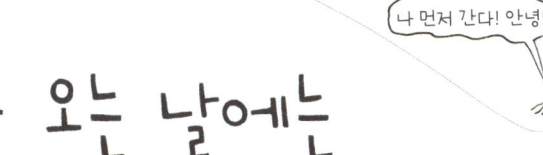

비가 많이 오면 풀밭이 넓은 물웅덩이로 변해. 풀에 사는 동물들은
풀잎 끝까지 올라가서 물이 더 차지 않기를 바라며 기다리지.

작은 거미는 실을 공중으로 뿜은 다음, 거기에 매달려.
바람을 타고 안전한 곳으로 탈출하려는 거야.

민달팽이와 달팽이가 축축한 걸 좋아하지만, 그래도
물에 빠져 죽을 수 있어.

아주 작은 동물들은 물 위를 걸어 다녀. 그래도 물에 빠지지 않아.

표면 장력

표면 장력은 물이 흩어지지 않도록 모아 주는 투명한 막 같은 거야.
풀잎에 물방울이 매달리는 것이나 배로 다이빙하면 아픈 것도 표면 장력
때문이지.

물을 가득 채운 컵에 조금씩 물을 더 부으면, 컵 가장자리 위로 물이
봉긋하게 올라와. 표면 장력이 물이 흩어지지 않게 잡아 주어서 이런
현상이 생겨. 놀랍지?

큰 동물은 아주 쉽게 물의 표면 장력을 깰 수 있어.
그렇지만 개미처럼 작은 동물한테는 그게 쉽지 않아.
네가 개미처럼 작다면 물방울에 갇힐 수도 있단 거지.

곤충의 성장은 변신

몇몇 곤충은 성장하면서 완전히 달라져. 애벌레와 어른벌레가 너무 크게 달라서 서로 다른 곤충이라고 해도 될 정도야.

사람도 성장하면서 큰 변화를 겪지만, 어른이 된다고 해서 팔이 하나 더 생기거나 하지는 않잖아. 곤충은 어른벌레가 되면서 없던 게 생기기도 하고, 있던 것이 사라지기도 해.

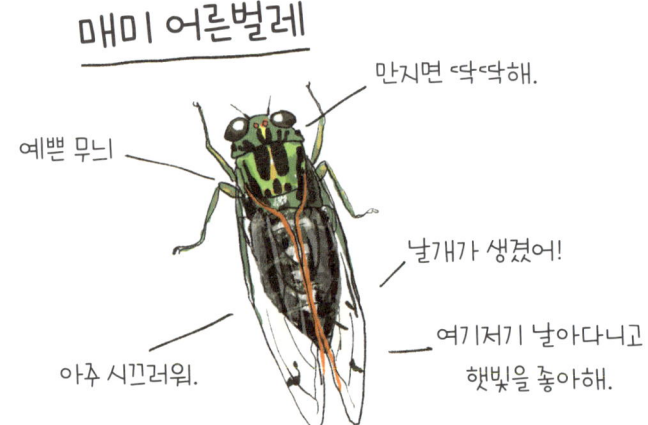

매미 애벌레
- 연한 크림색
- 땅을 파기 좋은 두툼한 다리
- 땅속에서 살아.
- 부드럽고 말랑말랑해.
- 소리를 내지 않아.

매미 어른벌레
- 만지면 딱딱해.
- 예쁜 무늬
- 날개가 생겼어!
- 여기저기 날아다니고 햇빛을 좋아해.
- 아주 시끄러워.

어떤 곤충은 세 단계를 거쳐서 성장해. 알로 태어나고, 알에서 어른벌레와 비슷한 애벌레가 나와서 크게 자라고, 허물을 벗고 어른벌레가 되지.

어떤 곤충은 알, 애벌레, 번데기, 어른벌레, 이렇게 네 단계를 거쳐.

이런 곤충은 어른벌레가 될 때 큰 변화를 겪어. 다 자란 애벌레는 먹는 걸 멈추고 한곳에 자리를 잡고는 번데기로 변해. 번데기는 단단한 껍질의 보호를 받으며 어른벌레로 변신하지. 번데기를 보호하는 고치를 따로 만드는 곤충도 있어.

딱정벌레 번데기

↑ 딱정벌레 젤리처럼 보이겠지만, 먹지는 마.

모든 곤충이 성장하면서 드라마 같은 변화를 겪지는 않아.
이건 사마귀 애벌레인데, 어른벌레를 작게 줄여 놓은 모습이야.
이렇게 어른벌레하고 비슷한 애벌레를 '약충'이라고 해. →

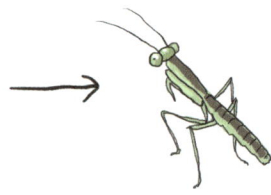

애벌레도 가지가지 이름도 가지가지

파리 애벌레를 부르는 이름은 구더기.

딱정벌레 애벌레를 부르는 이름은 굼벵이.

나비와 나방 애벌레는 그냥 애벌레.

번데기

번데기 속에 나비가 들어 있는 게 아니야. 번데기가 나비가 되는 거지.

번데기가 되려는 애벌레는 실을 뽑아서 자기 몸을 식물이나 건물에 붙이고 허물을 벗어. 그러고 나면 애벌레와 전혀 다른 모습이 되지. 다리와 머리는 떨어져 나가! 머리가 없는 껍질 속에서 번데기가 나비로 탈바꿈해.

탈바꿈이 끝나고 한 번 더 허물을 벗으면, 짠!
애벌레와 전혀 다른 나비가 나와!

배추흰나비 번데기

모나코나비 번데기
나비가 되면서 벗어 놓은 허물

고치

고치는 애벌레가 나비로 탈바꿈하는 동안 숨어 지내는 침낭 같은 거야.

애벌레가 스스로 실을 뽑아 고치를 짓는데, 나뭇잎 같은 걸 섞기도 해. 포식자를 속이려고 위장하는 거지.

탈바꿈한 나방은 고치를 뚫고 나갈 방법을 알아! 어떤 나방은 특수 액체를 분비해 단단한 고치를 부드럽게 만든 다음에 구멍을 내고 바깥으로 나와.

화랑곡나방 고치

나비와 나방 애벌레

애벌레들은 한 장소에 오래 머무르니까 나방이나 나비보다 관찰하기가 더 편해. 아래 보이는 두 동물은 한 나방의 애벌레와 어른벌레야. 둘이 같은 종이라는 게 신기하지 않니?

쐐기나방의 한 종인 칼카리페라 오르디나타 Calcarifera ordinata

애벌레들은 스스로 실을 뽑아. 그걸 번지점프 밧줄처럼 이용해서 포식자로부터 재빨리 도망쳐. 실을 잎에 붙이고 공중으로 뛰어내려서 대롱대롱 매달려 있다가 포식자가 사라지면 다시 실을 타고 올라가는 거지.

눈에 확 띄는 화려한 색깔로 자기한테 독이 있다고 알리는 애벌레가 있는가 하면, 숨바꼭질 선수처럼 잘 숨는 애벌레도 있어.

깜빡 속아 넘어갈 애벌레들의 위장술

나뭇가지 연기하기

잎맥 흉내 내기

사람 눈썹에 숨기
이건 장난이야.

애벌레들은 게걸스러운 먹보야. 하지만 식성은 까다로워서 아무거나 먹지 않아. 애벌레마다 즐겨 먹는 식물이 있지.

"그 브로콜리 안 먹을 거면 나 줄래?"

이건 더듬이가 아니라 촉수야. 촉감을 느끼기도 하지만 포식자가 어느 쪽이 머리인지 헷갈리게 만드는 일도 하지

눈이 없어.

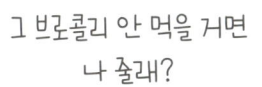

피에리스 라파이 *Pieris rapae*
배추흰나비
배추, 브로콜리, 양배추 같은 십자화과 식물을 먹어.

다나우스 플렉시푸스 *Danaus plexippus*
모나크나비
독성이 있는 협죽도과 식물을 먹어.

오포디프테라 에우칼립티 *Opodiphthera eucalypti*
황제껌나무나방*
유칼립투스 나뭇잎으로 식사하는 모습을 자주 볼 수 있어.

우레시피타 폴리고날리스 마오리알리스
Uresiphita polygonalis maorialis
코하이들명나방*
콩과에 속하는 식물만 먹어.

앞쪽에는 갈고리 같은 다리

걸을 때 자기 몸으로 이런 모양을 만드는 애벌레는 자벌레야.

애벌레를 찾고 싶으면 식물 잎이나 아래에 떨어져 있는 애벌레 똥을 먼저 찾아. 똥 색깔이 연하면 방금 싼 거니까 애벌레가 가까이 있을 거야.

뒤쪽에는 빨판 같은 다리

씨앗

코하이나무   붉은말눈콩

이건 브로콜리 씨앗인데, 이렇게 단순하게 생긴 씨앗은 드물어.

씨앗의 모양, 색깔, 크기는 식물만큼이나 다양해! 코코넛처럼 아주 큰 것, 거의 가루 같은 작은 씨앗, 노란색, 빨간색, 뾰족한 것, 납작한 것, 종이 같은 것까지 세상에는 정말 온갖 씨앗이 있어.

식물은 씨앗을 최대한 멀리 퍼뜨리려고 해. 나무 한 종이 한 장소에만 모여서 자란다고 해 봐. 만약 그곳에 폭풍이 들이닥쳐서 그 나무들을 몽땅 쓰러뜨리면 멸종해 버릴 수도 있잖아. 그래서 식물들은 씨앗을 퍼뜨리기 위한 특별한 방법을 진화시켰어.

물에 뜨는 씨앗은 강물을 타고 멀리 이동해. 바다를 건널 수도 있지.

맹그로브

코코넛
이 그림보다 훨씬 커.

먼지처럼 미세한 씨앗과 갓털이나 날개가 있는 씨앗은 바람을 타고 아주 멀리 퍼져.

← 민들레

↑
디기탈리스

← 아카이나 미크로필라
Acaena microphylla

스프링처럼 작동하는 씨앗이야. 살짝 건드리면 꼬투리가 펑 터지면서 씨앗들이 로켓처럼 날아가.

황새냉이
핑!
핑!

갈고리 같은 돌기가 있거나 끈적끈적한 씨앗은 동물이 지나갈 때 털에 달라붙어서 멀리 이동해. 네 옷에도 잘 붙을 거야.

열매를 맺는 것도 씨앗을 퍼뜨리는 방법이야. 열매 속 씨앗은 동물이 먹어도 소화가 안 돼. 동물이 똥을 눌 때 씨앗도 밖으로 나와 싹을 틔워. 싹이 똥에 들어 있는 수분과 영양분을 흡수하며 자라니까 진짜 좋은 방법이지.

과일을 먹다가 씨앗을 삼켰다고? 걱정하지 마. 씨앗이 몸속에서 싹을 틔우지는 않아. 그러기 전에 창자가 꿈틀꿈틀 움직여 씨앗을 몸 바깥으로 내보내. 게다가 몸속에는 빛도 닿지 않잖아.

꽃양귀비 씨앗은 후추통 같은 주머니에 들어 있어.
주머니가 흔들릴 때마다 씨앗이 퍼지지.

토마토소스에 들어 있는
씨앗 좋아하니?

요리 재료에 들어 있는 콩과 옥수수도
씨앗이야. 냉동하거나 익혔기
때문에 싹을 틔우지는 못해.

매우 작은 꽃가루

풀밭에서 자라는 길쭉길쭉한 풀들은
서로 너무 비슷해서 꽃이 피고 씨앗을
맺기 전에는 구분하기 어려워. 이런 풀들의
꽃을 꽃이삭이라고 하는데, 꽃잎은 없어.
꽃 하나하나를 관찰하려면 아주 가까이
들여다봐야 해.

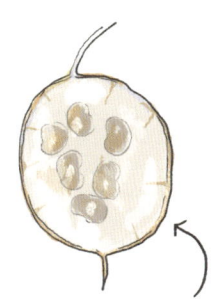

루나리아 씨앗은 아주 납작한데
종이처럼 얇은 봉투에 들어 있어.

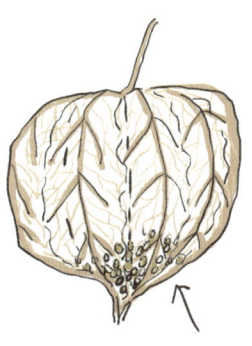

레이스 자루에 들어 있는
얼룩꽈리 씨앗

모자를 쓰고 있는 도토리도
씨앗이야.

포후투카와나무 씨앗의
실제 크기

저 씨앗의
100년 뒤 모습

눈길을 사로잡는 이파리

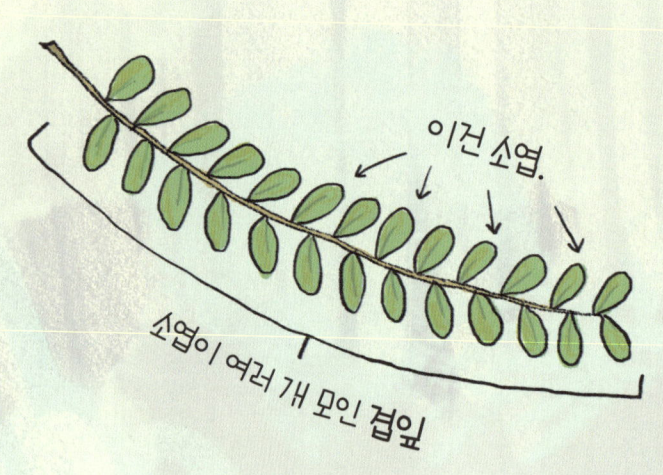

이건 소엽.

소엽이 여러 개 모인 겹잎

토끼풀 잎은 **삼출겹잎**이야. 작은 잎이 세 개 달린 겹잎이란 뜻이지. 작은 잎이 네 개 달린 겹잎은 매우 드물어.

잎살은 썩어서 사라지고
잎맥만 남은 나뭇잎이야.
뼈다귀 잎이라고 불러도 되겠지?

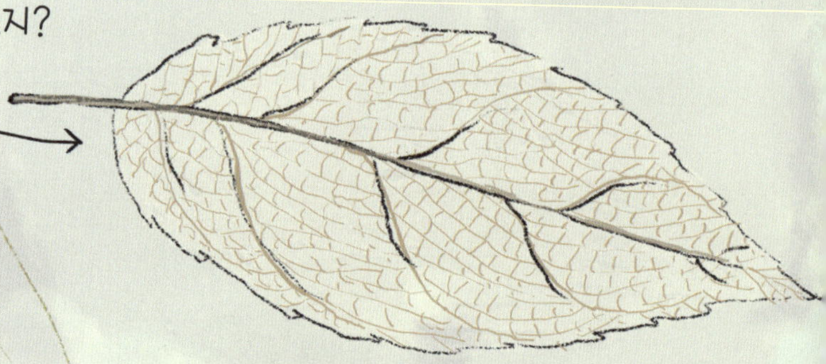

이 부분이 귓불처럼
쑥 불거졌어.

갈라진 잎

이건?
나뭇잎을 닮은 여치.

깃모양 잎

코로 식물의 정체를 알아낼 수도 있어.
잎을 으깬 다음에 킁킁 냄새를 맡아 봐.
잎마다 다른 냄새가 날 거야. 요리에 넣는
허브로 먼저 연습해 봐.

복숭아나무 잎인데 곰팡이에
감염되어 물집이 잡힌
것처럼 부풀었어.

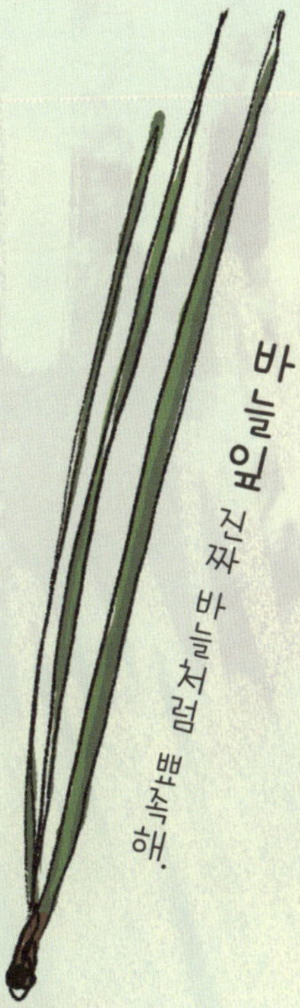

바늘잎
진짜 바늘처럼 뾰족해.

이건 맛있는 잎.

톱니 모양 잎

잎가장자리가 톱니처럼
들쭉날쭉해.

흥미로운 동물을 보기 위해 꼭 동물원에 갈 필요는 없어.
소파 뒤에 작은 거미가 거미줄을 치거나 누군가 부엌에서
음식 부스러기를 먹고 있을지도 모르거든.
방금 지나간 날벌레는 창문으로 들어왔다가 나갈 길을 못
찾은 거야. 집 바깥으로 나갈 필요도 없으니 아주 게으른
관찰학자가 되어 볼까.

아무도 보지 않는 커튼 뒤

바퀴벌레

음식 부스러기를 먹다가 너한테 들키자마자 후다닥 숨어 버린 갈색 벌레 본 적 있니? 그게 바로 바퀴벌레야. 바퀴벌레는 빛을 싫어해서 갑자기 밝아지면 어두운 곳으로 도망쳐. 몸이 납작해서 아주 작은 틈으로도 잘 숨지.

사람들은 바퀴벌레를 싫어해. 우리 음식을 나누어 먹으려고 부엌에서 어슬렁거린다고 그러는 거지. 지구에 사는 바퀴벌레가 4,000종이 넘는데, 그중에서 우리 음식을 호시탐탐 노리는 건 몇 종뿐이야. 나머지 바퀴벌레들은 좀 억울하겠지?

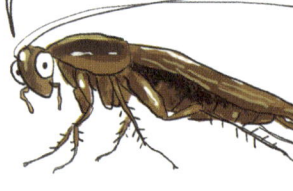

우리 집에 나타날지도 모르는 바퀴벌레들
그리고 이름에 숨어 있는 진실

페리플라네타 아메리카나
Periplaneta americana
이질바퀴 또는 미국바퀴
사실 내 고향은 아프리카야.

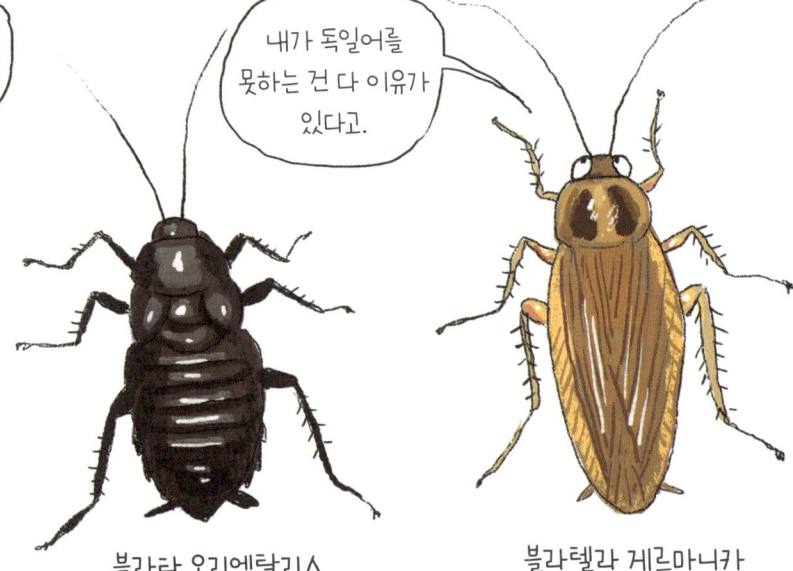

블라타 오리엔탈리스
Blatta orientalis
잔날개바퀴
학명에서 오리엔탈리스는 동양 출신이라는 뜻이지만 내 고향은 러시아야.

블라텔라 게르마니카
Blattella germanica
독일바퀴
내 고향은 북아프리카 아니면 아시아야.

세계 곳곳에 사는 특별한 바퀴벌레들

멜리로이데아 마그니피카
Melyroidea magnifica
가뢰흉내바퀴*
남아메리카

테레아 페티베리아나
Therea petiveriana
도미노바퀴*
인도와 스리랑카

내가 부엌에 나타나도 역겨울 거 같니?

엘립시디온 아우스트랄레
Ellipsidion australe
호주덤불바퀴*
호주

판클로라 니베아
Panchlora nivea
초록바나나바퀴*
쿠바

드리마플라네타 세미비타 Drymaplaneta semivitta, 호주가 고향인 기즈번바퀴*

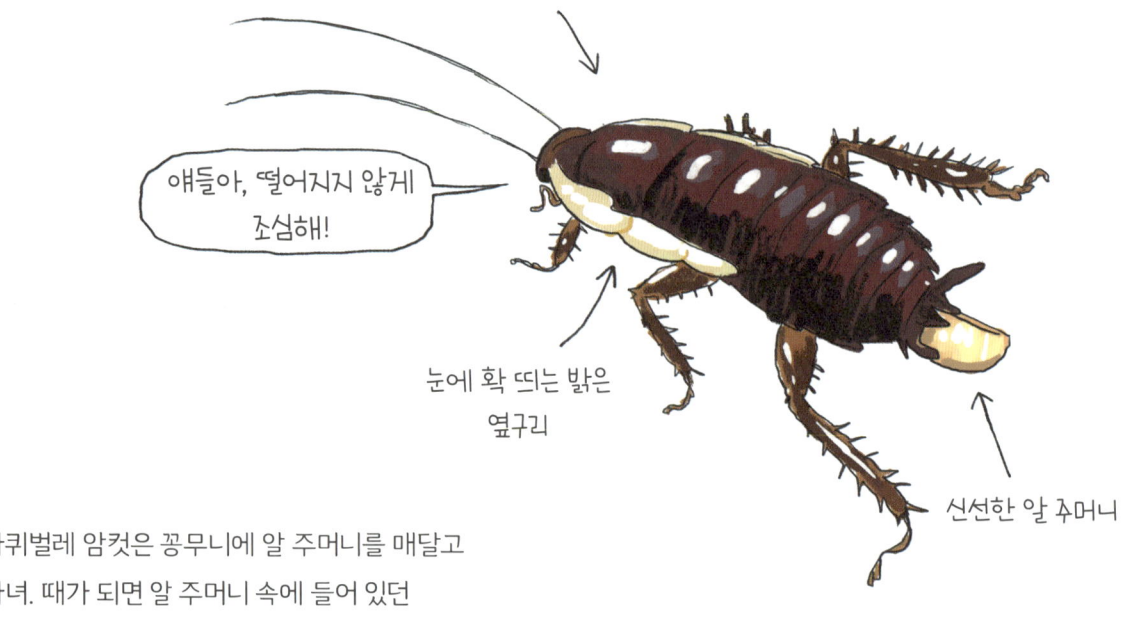

애들아, 떨어지지 않게 조심해!

눈에 확 띄는 밝은 옆구리

신선한 알 주머니

바퀴벌레 암컷은 꽁무니에 알 주머니를 매달고 다녀. 때가 되면 알 주머니 속에 들어 있던 알에서 새끼가 나오지. 단단한 알 주머니에 알이 30개에서 40개쯤 들어 있어. 사마귀도 알 주머니를 낳지만 둘이 가까운 친척은 아니야.

기즈번바퀴는 혼자서 생활해. 미국바퀴는 이와 달리 함께 모여서 사회를 이루어 살아. 과학자들이 미국바퀴 집단을 연구했는데, 행동하는 걸 보니 바퀴벌레마다 성격이 달랐대!

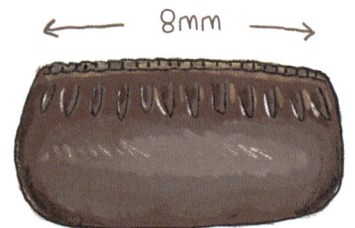

미국바퀴 알 주머니

이거 먹으면서 놀자!

싫어, 난 이 책을 갉아 먹을 거야.

어린 바퀴벌레는 자라면서 허물을 벗어. 허물을 벗은 바퀴벌레는 외골격이 물렁물렁하고 우유처럼 하얘. 외골격이 딱딱해질 때까지는 아주 연약해서 다른 생물의 이빨이 쉽게 뚫을 수 있지. 심지어 다른 바퀴벌레도 한 입 먹어 보려고 덤벼.

천사 같지 않니?

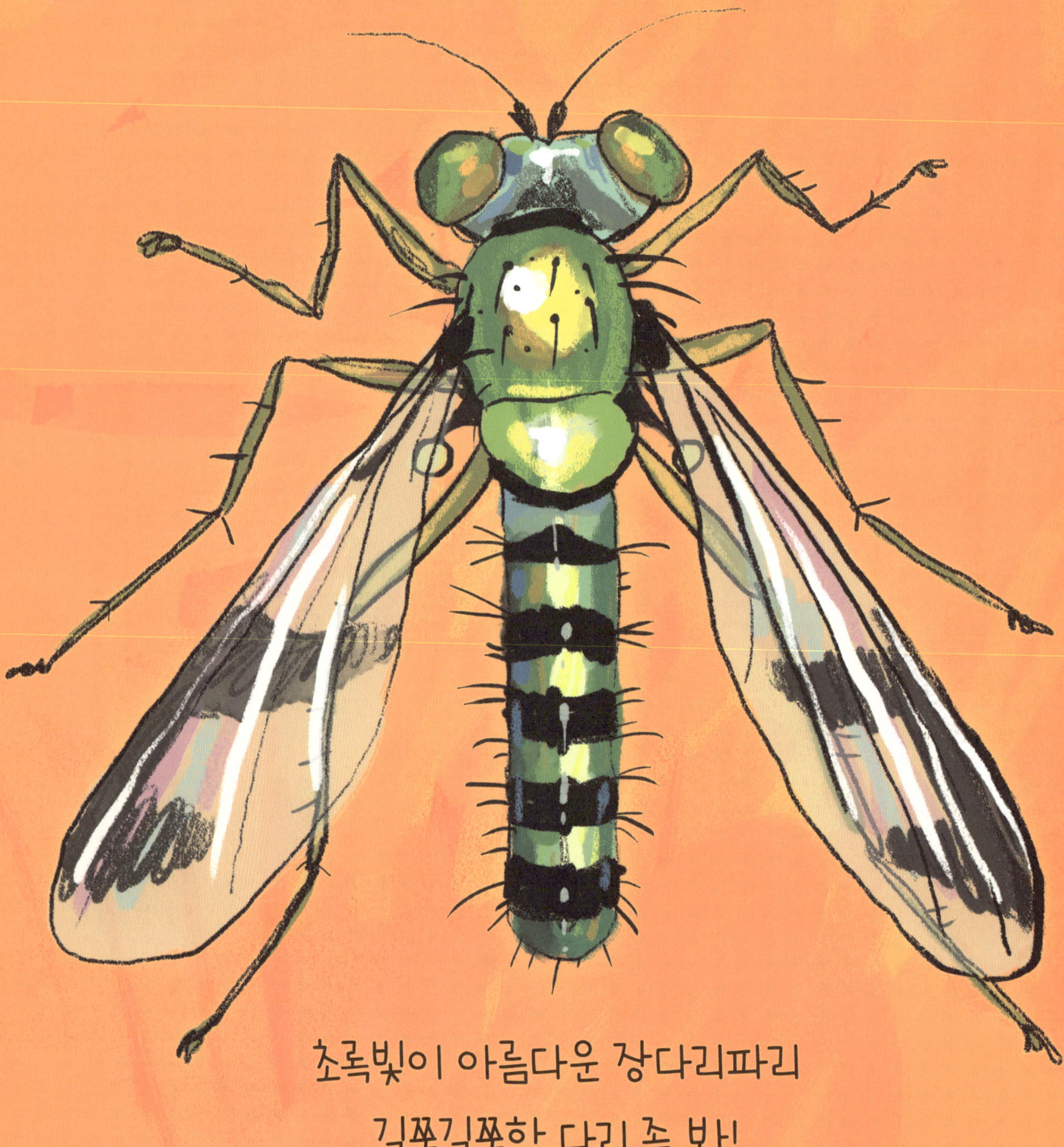

초록빛이 아름다운 장다리파리
길쭉길쭉한 다리 좀 봐!

실제 크기

파리

칼리포라 보미토리아
Calliphora vomitoria
검정파리
얘랑 샌드위치를 나눠 먹고 싶진 않겠지?
그래도 꽤 예쁘지 않아?

파리도 종류가 아주 많아. 크기와 모양도 다양하고. 아무리 예뻐도 파리는 인기가 없어. 질병을 옮기기 때문이지.

꽃등에

꽃가루받이를 해 주는 파리도 있어. 이 꽃등에도 파리의 한 종류인데 생긴 건 벌과 비슷해! 구더기는 나뭇잎이 썩고 있는 물웅덩이에 살아. 꼬리처럼 보이는 건 스노클이야. 끝을 물 바깥으로 내놓고 숨을 쉬지. 참 영리해.

"나도 벌처럼 명예로운 곤충이야."

← 꽃등에 어른벌레

"여기 아주 좋은 식당이에요. 구더기를 아낌없이 넣어 주거든요."
"벌써 군침이 도네요!"

너라면 파리가 도시락에 알을 낳게 놔둘 거니? 그런데 일부러 파리알을 섞어서 치즈를 만들기도 한대. 구더기들이 치즈를 맛있게 만들어 준다나. 사람마다 취향은 다르니까 존중해 줘야지.

꽃등에 구더기 ↓
훅훅

꽃등에모기속에 속하는 파리들은 진짜 작은데, 하는 일이 아주 훌륭해. 이 파리들이 카카오나무에 꽃가루받이를 해 줘. 꽃이 작고 이상하게 생겨서 다른 곤충들은 못 하는 일이지. 카카오로 초콜릿을 만드는 건 알지? 우리가 초콜릿 머핀을 먹는 건 이 파리 덕분이야.

"어때, 이제 좀 파리가 좋아지지 않았니?"
← 카카오나무 꽃

거꾸로 날기

이번엔 3회전

공중 2회전

나비와 벌은 날개가 두 쌍이지만 파리는 한 쌍이야. 두 번째 쌍이 있어야 할 자리에 날개 대신에 평형곤이라는 기관이 있어. 조그만 곤봉처럼 생긴 평형곤이 파리가 나는 동안 균형을 잡아 줘. 그래서 파리가 곡예를 부리듯 나는 거고, 공중에서 확 낚아채기가 아주 힘든 거야.

파리는 따뜻한 날씨를 좋아해. 날이 추워지면 파리는 잘 날지 못하고 한 장소에서 느릿느릿 움직이지. 그럴 때는 달팽이보다도 느리다니까.

날씨가 추우니까 너무 지루하다.

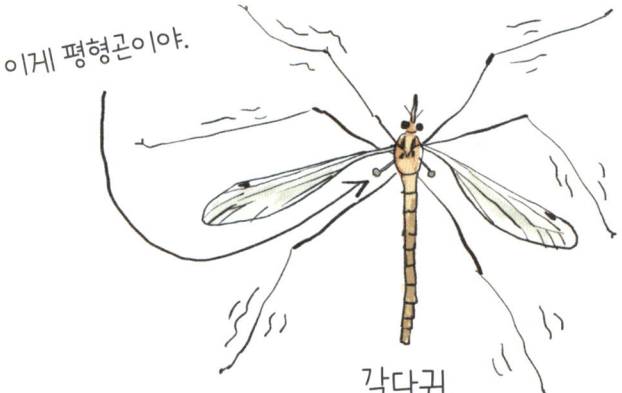
이게 평형곤이야.

각다귀

각다귀는 아주아주 큰 모기처럼 생겼지만, 파리의 한 종류야. 다리가 너무 길고 가늘어서 잘 서지도 못해. 툭하면 넘어지지.

날개 없는 파리가 있어. 거짓말 같지? 거미파리가 바로 날개 없는 파리야. 그래도 날기는 해. 박쥐 털 사이에서 살거든. 거미 아니냐고? 다리가 몇 개인지 세어 봐.

미스타키노비아 젤란디카
Mystacinobia zelandica
뉴질랜드거미파리*

초파리

초파리는 해충이 아니야. 이미 상하기 시작한 과일 근처를 얼쩡거리지만 해를 끼치지는 않아. 지구에서 초파리가 없는 나라는 없어!

드로소필라 멜라노가스테르
Drosophila melanogaster

- 이슬
- 사랑하다
- 검다
- 배

무지갯빛 날개

치즈 고양이처럼 황금빛을 띤 갈색

> 우리 할머니는 진짜 늙었어. 나이가 20일이나 된다니까.

호랑이를 닮은 줄무늬

눈에 확 띄는 빨간 눈

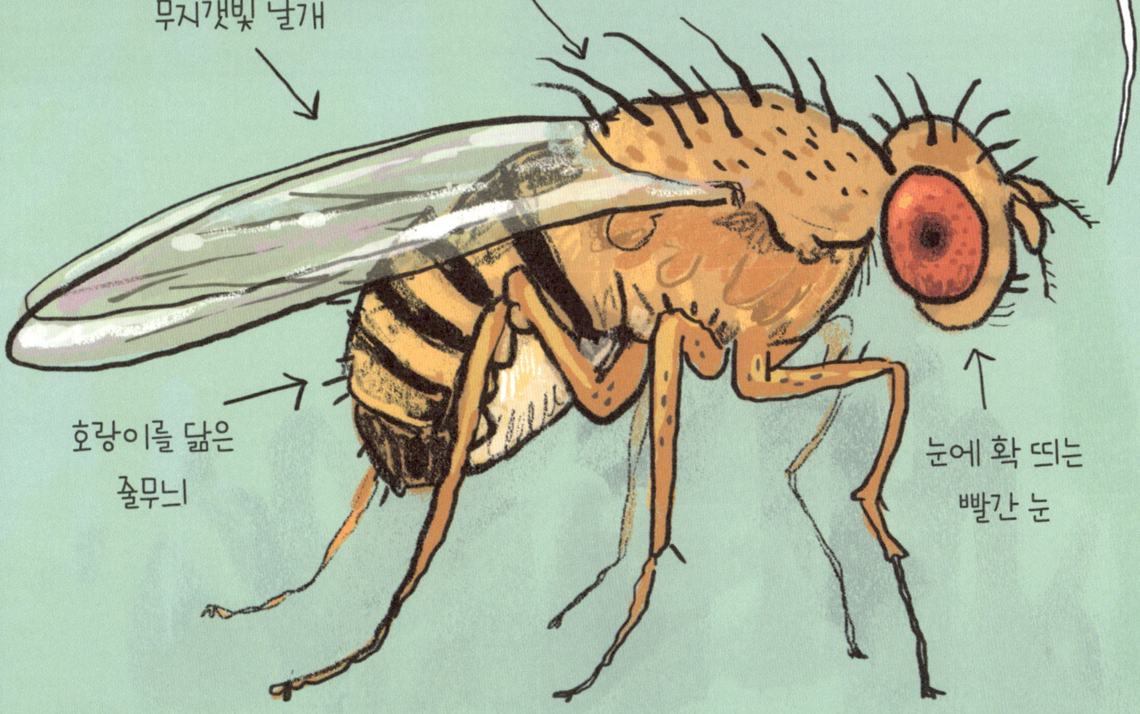

빨리 자라고 빨리 번식하는 초파리는 과학자들 사이에서 인기가 아주 높아. 실험실에서 기르면 10일마다 새로운 세대가 태어나서 유전자를 연구하기가 좋기 때문이지.

나좀 봐!

실제 크기

소리로 관찰하기

곤충마다 날 때 내는 소리가 달라. 우리 귀는 뛰어나니까 소리를 듣고 어떤 곤충인지 알아낼 수 있어.

애애앵 애 애

부우우우

잠자리는 공기를 때리면서 날아. 그 소리에 날개끼리 서로 부딪치며 나는 소리가 섞이지.

푸시 푸시

왱 왜 왜 왜 웽 웽 웽 윙 외 외 외 윙

파리가 방향을 바꿀 때마다 소리도 조금씩 달라져.

왱왱왱왜왜왜왜왱웽웽 웽 윙 외 외 윙 왱 왱 왜 왜 왜

왜 왜 외 외 윙

부 붕 붕 브

모기는 아주 높고 날카로운 소리를 내며 날아. 모기가 귓가에서 앵앵거리면 잠들기 어렵지.

앵 애 애 앵 애 앵애애앵 애 애 앵 애 앵 애 애 앵 애 애 앵 애 애

우 우 웅

호박벌은 꿀벌보다 덩치가 커. 날 때 꿀벌처럼 붕 소리를 내지만 덩치가 큰 만큼 소리도 좀 묵직해.

시 푸시푸시 푸시 푸시시 푸시시 푸시푸시 푸시 푸시시 푸시시푸시시푸시시시시 푸시

붕붕 붕붕붕 붕붕붕 붕붕 붕붕붕붕 붕붕 붕붕 붕붕붕붕

딱정벌레는 날개가 두꺼워. 그만큼 소리도 시끄러워.

꿀벌은 호박벌보다 훨씬 높은 소리를 내.

부 부붕붕붕부부부붕부붕붕붕부붕 붕붕부부붕부부부붕

거미

거미는 한곳에 오래 머물러. 그래서 거미가 하루를 어떻게 보내고 무얼 좋아하는지 알 수 있지. 날마다 만나는 거미한테 이름을 지어 주는 건 어때?

지구에 사는 거미가 50,000종이 넘어. 그중에 약 25종만 사람한테 위험한 독이 있어. 사람들이 거미를 무서워하지만, 우리 주변에는 독거미가 거의 없단 거지.

사람들은 쥐와 새까지 잡아먹는 큰 독거미한테만 관심이 있지만, 거미는 대부분 작고 귀여워. 잡아먹는 것도 작은 무척추동물이지. 이런 거미들은 힘이 약해서 아무리 세게 물어도 사람 피부를 뚫지 못해.

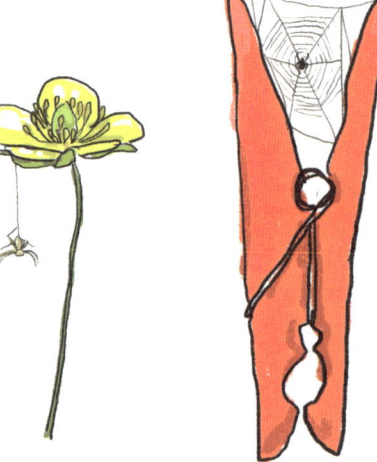

죽이려고 쏘는 독	물거나 쏘는 방법으로 먹이에 독을 주입하는 동물이 있어. 뱀이나 거미가 그런 동물이야.
먹으면 죽는 독	독을 쏘거나 물지는 않지만 몸에 독을 품고 있는 동물들이 있어. 자기를 잡아먹었다간 큰코다칠 테니까 건드리지 말라는 뜻이지.

거미들이 빨빨거리며 다니는 거 본 적 있지? 걔들이 깡충거미야. 깡충거미는 거미줄을 치지 않고 돌아다니며 사냥해. 깡충거미를 지켜보는 것도 꽤 재미있어.

살려 줘.

 옥수수 알갱이에 앉은 깡충거미

내가 먼저 찜했어!

무슨 소리야. 내가 먼저 봤어.

호주에 사는 유명한 공작거미야. 왜 유명하냐고? 화려한 꽁무니를 뽐내며 추는 춤이 진짜 대단하거든.

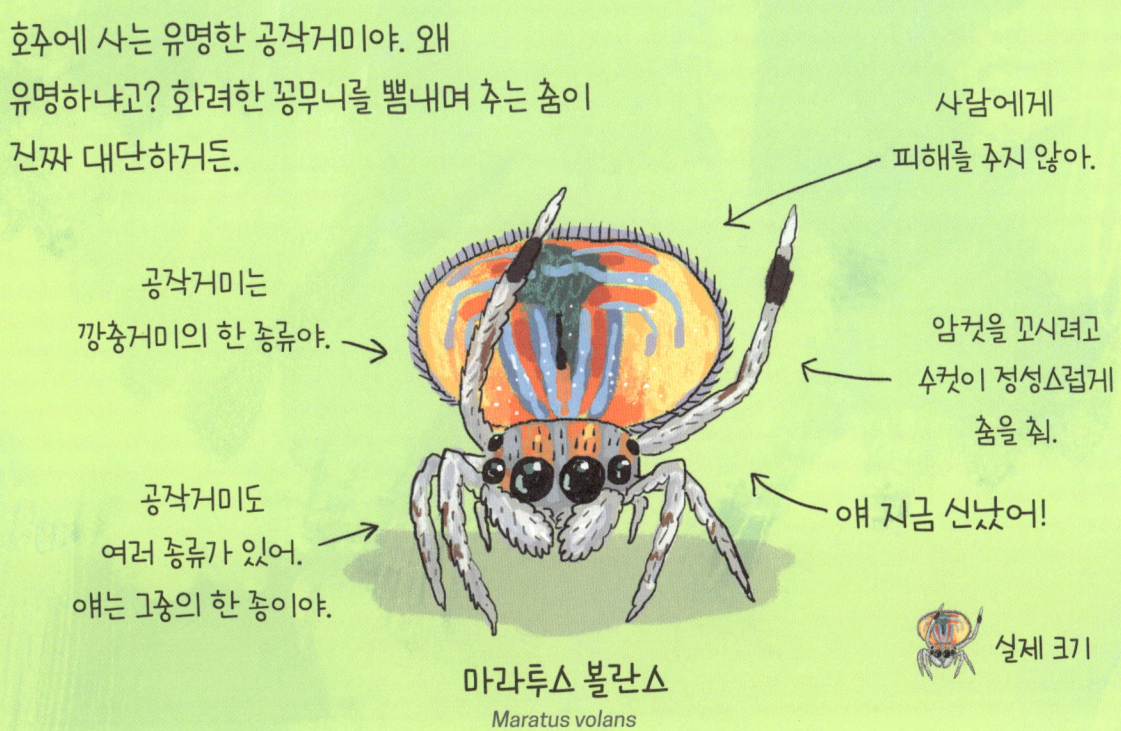

공작거미는 깡충거미의 한 종류야.

공작거미도 여러 종류가 있어. 얘는 그중의 한 종이야.

사람에게 피해를 주지 않아.

암컷을 꼬시려고 수컷이 정성스럽게 춤을 춰.

얘 지금 신났어!

실제 크기

마라투스 볼란스
Maratus volans

공작거미와 춤 대결에서 이기는 방법*

흔들흔들

흐느적흐느적

훅훅! 훅훅!

*이길 확률은 별로 없음.

105

거미가 바닥으로 내려올 때 뒷다리를 잘 살펴봐. 뒷다리를 사용해서 멈추기도 하고 내려오는 속도도 조절하거든.

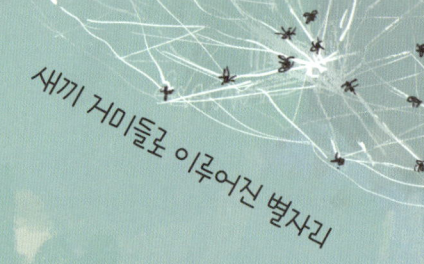
새끼 거미들로 이루어진 별자리

거미는 꽁무니에 있는 방적돌기에서 실을 뽑아. 모든 거미가 거미줄을 치지는 않지만, 모두 실을 뽑을 수는 있어. 목적에 따라서 종류가 다른 실을 뽑지.

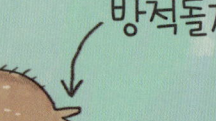
방적돌기
위에서 본 거미 꽁무니

알을 안전하게 싸기 위한 실

먹잇감을 돌돌 말 때 쓰는 실

안전 로프로 사용하는 실

거미는 벽을 오를 때 몇 걸음에 한 번씩 꽁무니로 벽을 쳐. 그럴 때마다 벽에다 거미줄을 붙여. 그렇게 해 두면 미끄러져도 아주 멀리 떨어지진 않아. 등반가들도 거미처럼 고정 장치를 설치하면서 바위를 올라.

거미줄은 진짜 질겨. 먹이가 걸려드는 부분에 친 거미줄은 질긴 데다가 매우 끈적끈적해.

거미들은 필요할 때는 거미줄을 먹어. 몸속에서 거미줄의 단백질을 재활용해서 새로운 실을 만들고, 그걸로 멋진 새 거미줄을 치지.

날개는 안 먹고 남겼어.

나보다 재활용을 잘할 수는 없을걸!

거의 보이지 않는 실

작은 거미를 들어 올리고 싶을 때는 꽁무니 위쪽을 손가락으로 꼭 집어 봐. 그러면 거미줄을 잡을 수 있어.

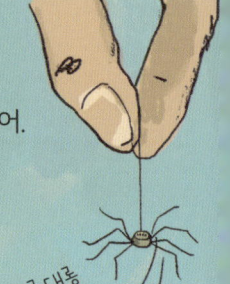
대롱대롱
대롱

거미줄은 있는데 거미가 안 보여? 어딘가에 안전하게 숨어 있을 거야.

유령거미가 아주 강한 독을 지니고 있지만 다행히 사람은 물지 못한다고들 하는데, 사실이 아니야! 유령거미한테 독이 있기는 해. 하지만 매우 약해서 작은 생물들한테나 치명적이야. 게다가 사람은 물지도 않아. 오히려 우리가 유령거미를 다치게 할 수 있어. 몸이 아주 연약해서 잘못 잡으면 다리가 끊어져 버리거든.

거미 머리에 있는 건 더듬이가 아니라 더듬이다리야. 거미는 더듬이다리로 맛을 보고 냄새를 맡아. 수컷이 정자를 암컷에게 줄 때도 더듬이다리를 사용하지. 가까이서 보면 거미가 더듬이다리를 씰룩씰룩 움직이는 게 보여.

동물들은 대부분 눈이 두 개뿐이지만 거미는 여덟 개야. 눈 개수가 좀 적은 종도 있기는 하지. 종에 따라서 눈이 달린 위치가 조금씩 달라.

더듬이다리

여러 가지 방식으로 배치된 거미 눈

거미는 대개 곤충을 잡아먹어. 드물게 식물을 먹는 거미도 있지. 멕시코와 코스타리카에 사는 한 거미는 아카시아나무에 난 작은 혹을 먹어. 거기에 단백질이 풍부하거든. 이 거미의 학명은 바게라 키플링기 *Bagheera kiplingi* 야. 《정글북》을 쓴 키플링과 거기에 나오는 표범의 이름인 바기라를 붙여서 학명을 만든 거지. 표범은 육식 동물인데 왜 이런 이름을 붙였지?

바게라 키플링기
Bagheera kiplingi

거미 종류도 가지가지
거미줄 모양도 가지가지

거미들은 뛰어난 공학자야. 갖가지 형태로 거미줄을 칠 수 있지. 보통은 암컷이 거미줄을 쳐. 거미줄에 함께 있는 작은 거미는 수컷, 큰 거미는 암컷이야. 수컷은 짝짓기를 하려고 암컷에게 다가갈 때 아주 조심스럽게 움직여. 잘못하다간 화가 난 암컷에게 잡아먹힐 수 있거든.

깔끔한 거미줄

온 가족이 사는 포근한 거미줄

어린 거미들을 돌보는 유치원

엉망진창이지만 먹이는 잘 잡는 거미줄

바닥에 낮게 깔린 거미줄

거미줄을 관찰하기 가장 좋은 때는 이슬이 내린 아침이야.
거미줄에 맺힌 이슬방울이 반짝거리는 모습이 정말 예뻐.

거미 이동 작전

이 방법은 컵에 들어가는 작은 동물한테 모두 사용할 수 있어.

준비물: 입구가 넓은 투명한 플라스틱 컵, 종이 한 장

살금살금 거미를 따라다니다가 거미가 평평한 바닥이나 벽이나 창문에 있을 때 조심스럽게 컵을 씌워.

여기를 살짝 들어.

살살살 밀어 넣어.

종이를 컵 아래로 부드럽게 밀어 넣어. 거미를 거칠게 떠밀지 않게 조심해.

종이로 컵 입구를 막은 채로 집 밖으로 나가서 거미를 풀어 줘.

착한 일을 했으니까 집에 들어가서 간식을 먹어.

빠져 죽을 위기에 놓인 나방을 안전하게 구조하는 방법

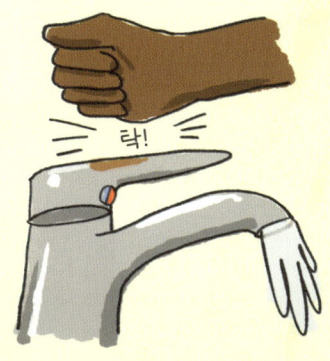

가장 먼저 할 일은 수도꼭지 잠그기.

손을 물속으로 넣어서 나방을 퍼 올려.
손가락으로 나방을 잡지 마. 그러면
상황이 더 나빠져.

나방을 휴지에 살짝 내려놓아.
휴지가 물기를 빨아들여 날개가
마를 거야.

휴지 위에 올려놓은 채로 나방을 집 바깥으로 데리고 나가.
나방이 기운을 차려서 날아갈 거야. 물론, 그러지 못할
수도 있지. 그렇다고 너무 마음 아파하지 마.
넌 최선을 다했잖아.

나방

사람들이 나비는 아름답고 나방은 칙칙하다고 생각하지만, 실제로는 그렇지 않아. 아름답고 화려한 나방이 얼마나 많은데 그래.

나방과 나비는 둘 다 나비목 소속이야. 나방을 만지면 손에 가루가 묻어. 그건 나방 날개를 덮고 있던 아주 작은 비늘이야. 아주 섬세해서 건드리면 날개에서 쉽게 떨어져. 나방의 무늬도 수많은 비늘로 이루어져 있지. 비늘은 감각 기관이기도 해.

화려한 나방도 있지만, 갈색 나방이 많기는 해. 갈색이라고 무시하지 마. 다음 쪽에 있는 나방들은 모두 갈색이지만, 우아한 모양 속에 화려한 무늬가 숨어 있어. 눈을 크게 뜨면 그게 얼마나 예쁜지 보일 거야.

야행성 나방들은 달빛을 따라서 움직이도록 진화했어. 그래서 밝은 가로등이나 전등을 보면 혼란스러워해. 밤에 나방이 창문에 붙어서 파닥거리는 것도 그 때문이야. 들어오고 싶어서 그러는 거 같겠지만 집에 들이지는 마. 나방한테 좋을 게 없으니까.

부엉이, 박쥐, 거미 같은 영리한 동물들은 밤마다 불빛이 환한 곳을 찾아가서 나방을 잡아먹어.

우테레이사 오르나트릭스
Utetheisa ornatrix
검은점불나방*

바오리사 히에로글리피카
Baorisa hieroglyphica
피카소태극나방*

나방 사냥꾼 부엉이가
생일 선물로 받으면 좋아할 물건은?
헤드램프

비늘이 떨어져
나가서 칙칙하게
변한 부분

나방은 보통 우연히 집에 들어와. 그렇지만 일부러 집에 들어오는 나방도 있지.

털좀나방

이 나방은 자연에서는 새 둥지나 동물 피부를 먹는데 집에서도 자주 보여. 어쩌다가 집에 들어와서 면으로 짠 양탄자를 먹었는데 꽤 맛있었나 봐.

화랑곡나방

이 나방의 애벌레는 잘 마른 곡물을 먹어. 그게 어디에 많겠니? 어디긴, 너희 집 부엌이지.

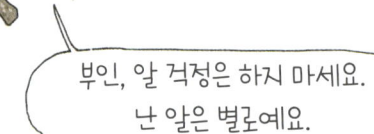

"부인, 알 걱정은 하지 마세요. 난 알은 별로예요."

← 화랑곡나방의 알

위험한 상황이 되면 암컷 나방은 알을 몽땅 쏟아 내. 자기가 없더라도 알은 살아남기를 바라는 거지.

옷좀나방

이 나방 애벌레가 천연 섬유를 잘 먹어. 애벌레들한테는 네 바지가 맛있는 저녁밥으로 보인단 뜻이지.

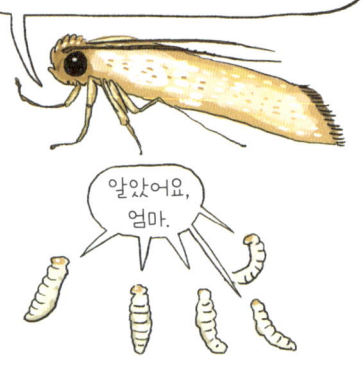

"옷에 뿡뿡 구멍을 내면서 먹어. 그래야 인간들이 깜짝 놀라지."

"알았어요, 엄마."

옷좀나방을 비롯한 몇몇 나방은 어른이 되면 입이 없어져. 참 불쌍한 운명이야!

"어릴 때 먹었던 바지가 참 맛있었는데……."

모든 나방이 야행성은 아니야. 낮에 볼일을 보는 나방도 꽤 많다는 거지. 볼일이 뭐냐 하면, 꽃을 먹으면서 꽃가루받이를 해 주는 것. 밤에 피는 꽃도 있고, 그 꽃을 찾아가는 야행성 나방도 있어.

나방 VS 나비

모든 규칙에는 예외가 있는 법. 그러니까 한 가지 특징만으로 나방과 나비를 구분하면 틀릴 수도 있어. 여러 특징을 비교한 뒤에 결정을 내려.

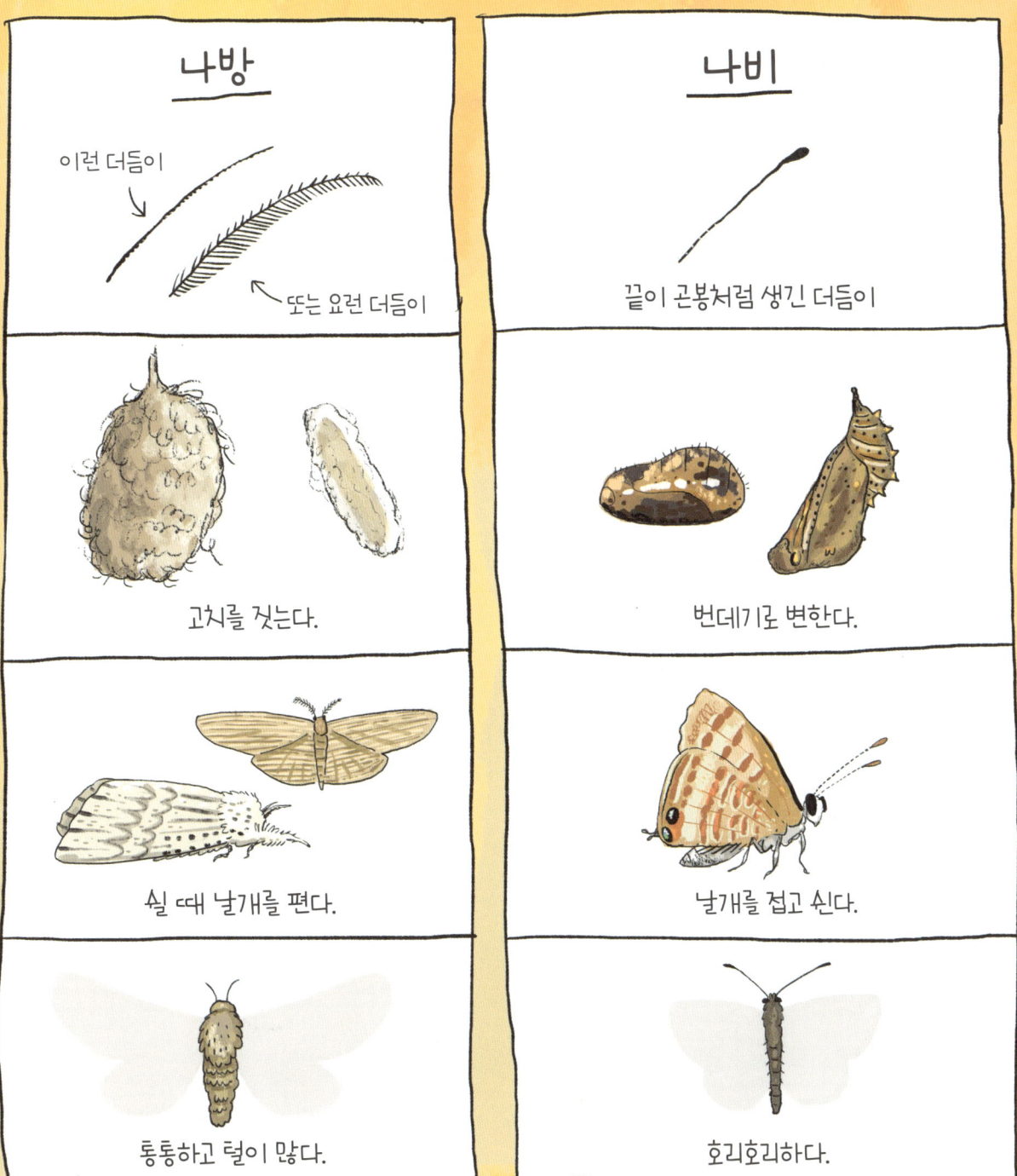

관찰학자 인증 시험

1. 당신은 어떤 사람입니까?

    가. 아주 크다.   나. 호기심이 많다.

    다. 멋진 동물이다.   라. 친절하다.

2. 지금 무엇을 찾고 있습니까?

    가. 작은 것   나. 아주 작은 것

    다. 정말정말 작은 것   라. 터무니없이 작은 것

3. 왜 작은 것을 찾습니까?

    가. 그러고 싶으니까.   나. 작은 것이 사랑스럽기 때문에.

    다. 무엇이든 많이 알수록 더 재미있기 때문에.   라. 이유는 잘 모르겠다. 본능적으로 눈길이 간다.

4. 어디에서 관찰할 대상을 찾나요?

    가. 콧구멍   나. 모든 곳

    다. 저기   라. 내가 지금 가리키는 곳

5. 세상은 어떤 곳입니까?

    가. 환상적인 곳   나. 멋있는 곳

    다. 이상한 곳   라. 어디를 보나 놀라운 곳

참 잘했어요!

정답이 궁금하다고? 다 정답이야. 그러니까 어떤 걸 골랐든 모두 100점!

책을 보는 동안 작고 빨간 거미 13마리가 돌아다니는 거 봤니? 조기도 한 마리 있는데. 다 봤다고? 그렇다면 넌 이미 관찰학자가 될 자격이 충분해.

관찰학자 인증서

이름:

위 사람이 **관찰학자**가 되기에 필요한 모든 과정을 훌륭한 성적으로 마쳤으므로 이 증서를 드립니다.

202 년 월 일

오늘부터 이 사람이 여기, 저기, 그리고 아무 데서나 관찰할 자격이 있음을 증명함.

국립관찰학연구소장
지젤 클라크슨

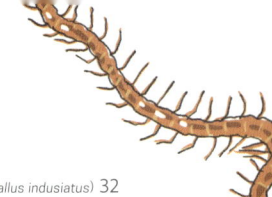

찾아보기

ㄱ
가뢰흉내바퀴 95
가사 57
가슴배 51
가위 벌 76
각다귀 100
갑각류 36
개구리 46, 69
개미 7, 9-11, 50-53, 63
갯민숭달팽이 26
거머리 40
거미 8, 14, 17, 21, 37, 42, 44, 46, 62-63, 71, 78-79, 83, 104-110, 112
거미줄 44, 106-109
거미파리 100
검은점불나방(Utetheisa ornatrix) 112
게 18, 47
겹눈 22, 37, 51
고둥 15, 30
고치 8, 84-85, 115
곤충 17-20, 22-24
곰팡이 4, 24, 32-35, 42, 58
공벌레 36
공작거미 105
관찰 도구 16
광대버섯(Amanita muscaria) 34
구더기 85, 99
굴착기 벌 76
굼벵이 34, 85
귀뚜라미 43, 63
기러기 13, 54
기문 22
기생벌 79
기즈번바퀴(Drymaplaneta semivitta) 96
깃털 56
깡충거미 104-105
꽃가루받이 71-79, 99, 114
꽃꿀 73
꽃등에 99
꿀 73, 75
꿀벌 73, 77, 103

ㄴ
나방 4, 8, 42-43, 63, 71, 84-87, 111-115
나비 22, 43, 46, 57, 62-63, 85-87, 112, 115
난초사마귀 46
날개 19, 56-57, 77, 100-101, 112-113, 115
날도래 애벌레 47
남극 58
남극하트지느러미오징어 18
낱눈 22
노래기강 21, 38-39
노래지빠귀(Turdus philomelos) 15
노린재 10
뇌신경절 28
눈 22, 37, 42, 51, 73, 107
눈자루 28

ㄷ
다리 14, 17, 21, 37-39, 51, 73-74, 100
다슬기 40
달팽이 10, 21, 26, 28-31, 34, 42, 62-63, 83
대벌레 20
더듬이 19, 23, 37, 51, 53, 77, 115
더듬이다리 21, 107
독 32, 50, 86, 104-105, 107
독버섯 32
독수리벌 74
독일바퀴(Blatella germanica) 94
동개 30
돼지거미(Dysdera crocata) 37
두눈박이쌍살벌(Polistes chinensis) 79
디기탈리스 88
딱정벌레 6, 8, 15, 20, 34, 41, 57, 69, 85
똥 9, 62, 66, 87, 88
뜨개질 벌 76

ㄹ
레몬나무뾰족맵시벌(Xanthocryptus novozealandicus) 79
레이오프록투스 파하우마(Leioproctus paahaumaa) 74

ㅁ
마라투스 볼란스(Maratus volans) 105
말벌 11, 50, 56-57, 77-79

망태말뚝버섯(Phallus indusiatus) 32
매미 80, 84
머리가슴 21
머릿니 20
먹장어 13
모기 41, 100, 103
모나크나비(Danaus plexippus) 85, 87
목수 벌 76
몸마디 21, 38-39
무당벌레 10
무척추동물 18, 22
무화과좀벌(Ceratosolen capensis) 79
문어 15, 26
물방개 41
물벌레 40
물지렁이 41
미각 수용기 22
미국바퀴(Periplaneta americana) 94, 96
미장이 벌 76
민달팽이 4, 6, 10, 21, 26-30, 34, 42, 62-63, 83
민들레 17, 88

ㅂ
바게라 키플링기(Bagheera kiplingi) 107
바구미 6
바퀴벌레 62-63, 94-97
박쥐 112
박테리아 58
방적돌기 106
배자루 21
배추흰나비(Pieris rapae) 85, 87
버섯 32-34
번데기 52, 84-85, 115
번식 28, 59, 65-66, 101, 107-108
벌 11, 22, 43, 50, 62, 71-77, 99, 103
벌집 73, 76, 78
보옵스 보옵스(Boops boops) 15
복족류 26-28
부엉이 54, 112
분류학 12
불독개미 50
붉은큰지렁이(Lumbricus terrestris) 66
비늘 112
비티움(Bittium) 15

ㅅ
사람(Homo sapiens) 13, 19
사마귀 57, 63, 84, 96

산란관 63
새 15, 18, 43, 48, 54-55, 61, 71, 104
새똥 53-55
새똥거미 46
생명의 나무 12-13
생물 계절학 16, 60-61
서식지 27, 29, 32, 36, 40, 58
성장 84-87
센털 4, 65
송장헤엄치개 40
꿀벌 수컷 73
수집 56
스노클 99
습도 73
실잠자리 20, 41
씨앗 56, 88-89

ㅇ

아르키페레티마 미들레토니(Archipheretima middletoni) 21
아우고클로라 푸라(Augochlora pura) 74
아침저녁형 43
아침형 43
아프리카자이언트노래기 39
알 41, 50, 52, 56, 63, 66, 79, 84, 96, 106, 114
알 주머니 63, 96
암수한몸 28, 65
애벌레 6, 10, 28, 41, 50, 52, 62, 69, 78-79, 84-86, 114
야행성 24, 29, 42-43, 112
약충 84
양봉꿀벌(Apis mellifera) 77
양송이버섯(Agaricus bisporus) 33
여왕개미 50
여왕벌 73, 78
여치 90
연문 57
영역 61
오렌지꼬리납작맵시벌(Netelia ephippiata) 79
옷좀나방 114
완보동물 7, 59
외골격 19
외투막 28
요각류 40
위장술 46-47, 86, 90.
원데르푸스 포토게니쿠스(Wunderpus photogenicus) 15
유령거미 14, 107

유전자 101
육식 동물 38
이끼 17
이티비티움(Ittibittium) 15
일개미 50-51
입 50-51, 73, 114
잎 9-10, 56, 60, 90-91

ㅈ

자벌레 87
자주싸리국수버섯(Clavaria zollingeri) 32
작은뾰족민달팽이(Deroceras reticulatum) 26
잔날개바퀴(Blatta orientalis) 94
잠자리 22, 57, 102
장님거미 15
재활용 32
저녁형 43
점박이땅벌(Vespula vulgaris) 77-78
점액 9, 28, 30
정원달팽이(Cornu aspersum) 31
조류 58
종 12-13, 15, 32, 74, 76, 78, 94, 104
주행성 43, 114
줄지렁이(Eisenia fetida) 66
쥐며느리 4, 11, 36-37
지네강 21, 38
지렁이 4, 11, 21, 28, 41, 62-68, 71
지의류 17, 56, 58-59
진딧물 7, 10
집유령거미 15
짝짓기 42, 61, 73, 107-108

ㅊ

참새 61
창질경이 81
척추동물 18
청벌(Chrysura refulgens) 79
초록 바나나바퀴(Panchlora nivea) 95
초콜릿 99
초파리(Drosophila melanogaster) 101
총배설강 55
총알개미 50
치즈 35, 99
칠점바퀴 95

ㅋ

카카오나무 99
칼카리페라 오르디나타(Calcarifera ordinata) 86

코하이들명나방(Uresiphita polygonalis maorialis) 87

ㅌ

탈바꿈 85
턱 51
털좀나방 114
테리스왈케리스 테라이레기나이(Terriswalkeris terraereginae) 67
테트라고눌라 카르보나리아(Tetragonula carbonaria) 74
토끼풀 90
티라노사우루스 렉스(Tyrannosaurus rex) 15

ㅍ

파리 11, 41, 43, 62-63, 98-101
파리매 20
페로몬 53
펠릿 54
평형곤 100
포자 33, 59
표면 장력 83
표범민달팽이(Limax maximus) 6, 27
플랑크톤 40
피림프 19
피부 65
피카소태극나방(Baorisa hieroglyphica) 112

ㅎ

학명 14-15
해삼 13
해파리 47
허리 51
허물 80, 84-85, 97
형광버섯 32
호박벌 73-75, 103
호주덤불바퀴(Ellipsidion australe) 95
호흡공 28
화랑곡나방 85, 114
환대 65
황금대모벌(Cryptocheilus australis) 79
황제껌나무나방(Opodiphthera eucalypti) 87
효모균 35
후투티(Upupa epops) 15
흰발마디개미 50

글·그림 지젤 클라크슨
뉴질랜드 웰링턴에 살며 일하는 작가입니다. 비스킷 그림으로 유명해져 텔레비전에 출연하기도 했습니다. 〈New Zealand School Journal〉에 정기적으로 만화를 기고하고 있으며, 중요하고 흥미로운 환경 주제로 어린이책을 쓰고 그립니다. 펭귄을 그리기 위해 남극에 가까운 섬에 다녀온 적도 있습니다. 바다와 외딴섬에서 모험하는 걸 무엇보다 좋아합니다.

옮김 신동경
서울대학교 독어교육과를 졸업했습니다. 《단위가 사라졌다》, 《나는 138억 살》 등을 쓰고, 《끝없는 우주 이야기》, 《손은 똑똑해》 등을 옮겼습니다.

감수 김태우
어려서부터 지금까지 곤충의 매력에 푹 빠져서 사는 곤충학 박사입니다. 지금은 국립생물자원관 환경연구관으로 일하며 메뚜기를 비롯한 우리나라 곤충을 연구합니다. 지은 책으로는 《곤충이 좋아지는 곤충책》, 《메뚜기 생태도감》 등이 있습니다.

여기까지 온 걸 보니 관찰학자가 되셨군요. 축하합니다!

나는 오늘도 파리를 관찰합니다

초판 1쇄 발행 2023년 11월 10일
초판 3쇄 발행 2024년 4월 11일

지은이 지젤 클라크슨 · **옮긴이** 신동경 · **감수자** 김태우
펴낸이 이선아 신동경 · **디자인** 진보라
펴낸곳 판퍼블리싱 · **출판등록** 2022년 9월 21일 제2022-000007호
주소 서울시 마포구 연남로3길 73-6 2층 · **이메일** panpublishing@naver.com

© 지젤 클라크슨, 2023

ISBN 979-11-983600-2-1 77400

* 책값은 뒤표지에 있습니다.
* 잘못 만들어진 책은 구입하신 서점에서 교환해 드립니다.
* 이 책은 저작권법에 의하여 보호를 받는 저작물이므로 무단 전재와 복제를 금합니다.

성장의 발판, 도약의 구름판, 너머를 보여 주는 디딤판, **판퍼블리싱**

우리 주변과 발밑에 매혹적인 자연이 존재한다.
거기에서 조용히 거미를 관찰하다가 둘이 연결되었다고 느끼는 순간,
우리는 자연을 사랑하는 사람이 된다.
지젤 클라크슨

예술은 자연을 관찰하고 탐구하는 데서 탄생한다.
키케로, 로마의 정치가·학자·작가

창조적인 사람들한테 "어떻게 그런 일을 할 수 있었나요?" 하고 물으면,
그들은 조금은 죄책감을 느낄 것입니다. 사실 그들은 그런 일을 한 것이 아니라
그냥 보았을 뿐이기 때문입니다.
스티브 잡스